LE COMTE
ALEXANDRE DE LAMBEL

ÉMILE COLIN ET Cie — IMPRIMERIE DE LAGNY

AMÉDÉE DE MARGERIE

LE COMTE

ALEXANDRE DE LAMBEL

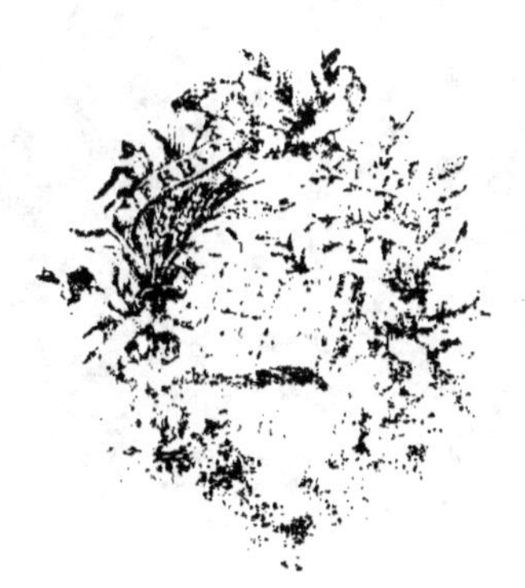

AMÉDÉE DE MARGERIE

LE COMTE
ALEXANDRE DE LAMBEL

PARIS — 6e
VICTOR RETAUX, LIBRAIRE-ÉDITEUR
82, RUE BONAPARTE, 82

1905

PRÉFACE

Un seul cœur, une seule plume pouvaient écrire dignement la noble vie dont on ne trouvera ici qu'une trop imparfaite esquisse, — le cœur, la plume de madame de Lambel. Seule elle en avait pénétré tous les beaux secrets, si soigneusement cachés aux regards des hommes ; seule elle avait pu creuser à ses plus intimes profondeurs la source sacrée d'où tant de flots bienfaisants ont jailli jusqu'à la dernière heure ; et seule elle aurait pu dire combien, dans cette âme, ce qu'on ne voyait pas était plus admirable encore que ce qu'on pouvait voir.

Elle devait précéder de beaucoup dans le séjour de l'éternelle paix celui qu'après Dieu elle avait uniquement aimé. Mais avant de le quitter, elle avait tracé, en une page qui n'était que pour elle et pour lui et qu'il nous est aujourd'hui permis de transcrire, les lignes principales de son histoire. Elle la lui adressait après trente-quatre ans de mariage, et moins de trois ans avant de quitter la terre :

14 septembre 1879.

.   .   .   .

Je remercie Dieu de t'avoir fait entrer dans ce monde.

Qu'il en soit béni au nom de ta mère dont tu as été la joie;

Au nom de ton père qui t'a dû son salut et dont tu as été l'honneur;

Au nom de ton frère dont tu seras toujours le meilleur appui et le meilleur ami;

Au nom de nos chers enfants qui te doivent tout;

Au nom de ma famille pour laquelle tu es si affectueux et de si bon conseil;

Au nom du pays, dont tes efforts écarteront toujours un peu les mauvaises doctrines;

Au nom des pauvres qui ont en toi un père;

Enfin en mon nom à moi, pauvre et chétive,

*et pourtant favorisée entre toutes, qui ne puis
assez remercier la Providence de m'avoir unie à
toi!*

Ce qu'elle eût fait excellemment, nous voulons du
moins le tenter, dans une intention que nous
croyons pleinement conforme à la sienne et qu'on
nous permettra de dire avec une entière fran-
chise.

Nous voudrions que ce livre ne fût pas seulement un hommage rendu à la chère et pieuse
mémoire du comte Alexandre de Lambel, mais
encore et surtout un exemple, une leçon, un document pour la solution des problèmes sociaux autour desquels notre temps s'agite tantôt avec des
violences furieuses, tantôt avec des illusions folles,
tantôt avec des angoisses découragées.

L'hommage que les âmes comme la sienne ont
repoussé de toutes les forces de leur humilité
tant qu'elles ont vécu sur la terre, devient un droit
pour les témoins de leur vie quand elles ne sont
plus là pour s'y dérober. Il est un devoir de justice
que la beauté morale réclame partout où on la
rencontre en ce monde. Il est pour les familles et
pour les amis une consolation légitime et douce
aux douleurs de la séparation. Mais la leçon qui se

dégage de leurs exemples a plus que cette valeur d'hommage, parce qu'elle prolonge indéfiniment le bien qu'elles ont accompli en y ajoutant celui que ces exemples feront naître par contagion et par émulation. C'est ce qui, dans tous les temps, a fait la fécondité merveilleuse des *Vies des Saints*, non pas tant dans le récit de leurs actions extraordinaires, où il est plus facile de les admirer que de les suivre, que dans la peinture de l'esprit intérieur qui se manifestait en eux par d'obscures vertus imitables à tous.

Et c'est pour cela aussi qu'avoir rencontré dans notre vie non pas *des saints* placés sur les autels et offerts par l'Église à la vénération des fidèles, mais *de saintes âmes* vraiment dévouées au bien, vraiment oublieuses d'elles-mêmes, vraiment éprises d'amour pour Dieu et pour les hommes, les avoir connues et pénétrées, les avoir aimées, est un des plus grands bienfaits que la Providence puisse nous accorder ici-bas. Nous n'avons qu'à les voir à l'œuvre pour puiser dans le spectacle de ce qu'elles étaient l'intuition de ce que nous devrions être. En comparant leur énergie avec notre mollesse, leur persévérance avec nos intermittences, leur abnégation avec notre recherche de nous-mêmes, leur humilité avec notre

orgueil, nous sommes amenés à nous dire :
pourquoi ne suis-je pas ainsi ? à comprendre
que nous le devrions si nous le pouvions ;
à nous avouer, en dépit de tous les sophismes
intérieurs, que nous le pourrions si nous le vou-
lions. Et c'est souvent ainsi que naissent les ému-
lations généreuses qui transforment en vies bienfaisantes des vies longtemps inutiles.

Rien ne vaut, sans doute, le contact personnel
avec ces âmes qu'on ne peut connaître sans souhaiter de leur ressembler. Mais puisqu'elles ne font
que passer sur la terre, que peut-on souhaiter de
meilleur, sinon que le rayonnement de leurs vertus
survive à leur présence au moyen de quelque
image fidèle qui les montre en les racontant et
qui, en inspirant le regret de ne pas les avoir
connues, inspire aussi le désir d'utiliser leurs
exemples en marchant dans la voie où leur trace
est encore visible? Ainsi parleront-elles encore
ce langage de l'exemple qui de tous est le plus
éloquent et le plus persuasif. Et peut-être même
les révélations d'outre-tombe y ajouteront-elles
quelque chose, en compensation de ce qui se perd
toujours quand les pages d'un livre remplacent le
spectacle de la réalité vivante.

Ajoutons que la leçon de ces exemples, trans-

mise par une génération aux générations suivantes,
aura une efficacité plus spéciale et plus pleine
auprès des personnes qu'une analogie de conditions familiales, sociales, professionnelles, rapproche de celui qui l'a donnée par sa vie. Pour
n'en citer qu'un exemple, la *Vie du général de
Sonis* est bonne et bienfaisante pour toutes les
classes de lecteurs parce que la réunion de l'héroïsme militaire et des plus hautes vertus intérieures
est un des plus nobles spectacles et des plus forti-
fiants qu'il nous soit donné de contempler. Mais
pour l'officier surtout il faudrait qu'elle fût un
manuel, un livre de chevet, quelque chose comme
l'idéal que l'artiste contemple intérieurement
quand il exécute une œuvre d'art.

De même la vie du comte de Lambel, si elle
était racontée comme elle mérite de l'être, offrirait aux lecteurs et aux lectrices de toutes les conditions et de tous les milieux de beaux sujets de
sympathie, d'édification et d'admiration; car le
spectacle de la bonté, du travail incessant pour
autrui, du zèle le plus pur pour la gloire de Dieu
et le salut des âmes ne peut être **indifférent** à
aucun chrétien, ni même, christianisme à part, à
aucun homme de cœur. Mais il y a surtout un
groupe de personnes à qui elle offre directement la

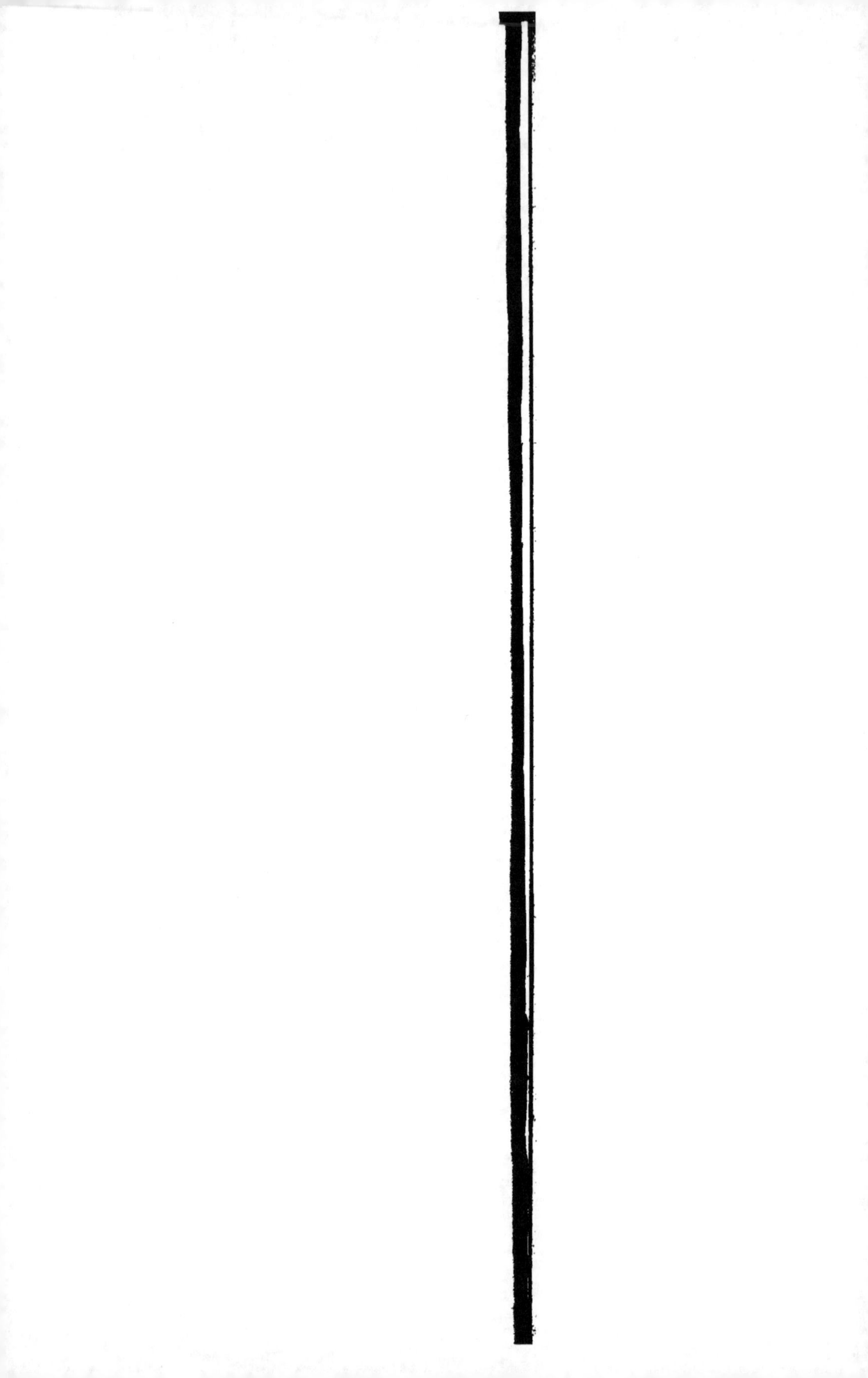

leçon la plus nécessaire, un groupe très étendu et qui, s'il a perdu presque toute son importance politique, conserve, dans la mesure qu'il veut, presque toute son influence sociale, un groupe qui demeure une des meilleures réserves de notre avenir si la société française est destinée à relever ses ruines.

Ce groupe est celui auquel il a lui-même appartenu, celui des privilégiés du rang, de la fortune, des traditions héréditaires. Il subsiste en dépit de toutes les révolutions. Il se rajeunit d'âge en âge par des accessions nouvelles. Subsistera-t-il comme un décor inutile, comme un objet d'envie pour toutes les convoitises égalitaires, comme un dangereux contraste entre les vies de jouissance sans travail et les vies de travail sans jouissance, — ou au contraire comme une force bienfaisante et active, comme un patronage de frères aînés s'exerçant par toutes les formes de l'assistance, s'appliquant sans relâche à relever les conditions inférieures à la sienne, à éclairer, à moraliser, à christianiser le peuple des villes et le peuple des campagnes suivant que les circonstances le tiennent en contact plus habituel avec l'un ou avec l'autre, se préparant par de sérieuses études à tenir la tête de tous les progrès intellectuels ou écono-

miques, non dans une pensée d'ambition ou de
lucre, mais dans la vue désintéressée de l'utilité
générale, prenant enfin sa part des affaires publiques afin que partout, s'il se peut, le rëgne des
bons citoyens uniquement dévoués au pays suc-
cède au règne des politiciens sans scrupule? Il en
sera ce qu'il voudra. Et pour l'animer à vouloir ce
qu'il doit, rien n'est meilleur que de proposer à
son imitation ceux des siens qui ont su le vouloir.

Le comte de Lambel a été un de ceux-là. Dispensé du travail en tant que le travail est un
moyen d'existence ou un chemin vers la richesse,
il s'y est adonné avec une ardeur qui, jusqu'à la
fin, n'a pas laissé un moment inoccupé dans ses
journées; et il l'a dirigé, tout entier et toujours,
vers le plus grand profit, matériel et moral, de
ceux qui l'entouraient. Disposant d'une fortune
considérable, il n'a songé, dans sa vie personnelle,
qu'à restreindre au minimum le budget je ne dis
pas du luxe, mais des plus légitimes jouissances,
pour grossir d'autant le budget de la charité. Éloigné des fonctions publiques par les plus honorables scrupules, il a occupé pendant plus de
soixante ans, avec quel zèle et quelle conscience!
le modeste poste municipal où le vœu unanime des
gens de son village l'avait porté dès sa jeunesse.

Partageant sa résidence entre la capitale et la province, il s'est consacré aux œuvres sociales et charitables de la première comme s'il fût resté parisien du 1ᵉʳ janvier au 31 décembre, aux œuvres de la seconde comme si toute son année se fût écoulée en Lorraine. Frappé dans la plus chère de ses affections à un âge qui semblait déjà celui du repos, il a refait son existence humainement brisée pour travailler encore, dans sa solitude douloureuse, avec un dévouement plus intense, à soutenir toutes ses saintes entreprises. Ne sont-ce pas là de beaux exemples à suivre, et n'y aura-t-il pas dans une telle vie une exhortation efficace?

Cette étude a pour complément la réimpression d'une notice sur madame de Lambel, écrite peu de temps après sa mort. On a pensé qu'il ne fallait pas séparer dans un dernier hommage ces deux saintes âmes dont l'union fut si parfaite ici-bas. M. de Lambel lui-même avait vivement souhaité que ces pages, réservées d'abord à la famille et aux amis, reçussent un jour une publicité plus étendue. Ce désir, qu'il nous avait exprimé à plusieurs reprises, nous a été une loi.

L'auteur de cette Notice, M. Amédée de Margerie, n'est plus.

En juin, à Paris, il avait ressenti les premières atteintes du mal qui devait l'emporter. Profitant d'une amélioration passagère que ses enfants se plaisaient à considérer comme une guérison, il s'était rendu, en juillet, au château de Tailleville, près de la Délivrande, chez l'une de ses filles, madame Jules Auffray.

Là, le mieux persista et paraissait s'établir quand, dans les premiers jours de septembre, les symptômes inquiétants reparurent ; les forces de l'octogénaire allaient en s'affaiblissant et offraient, de jour en jour, moins de résistance

au mal, sans que cependant son activité intellectuelle fût sensiblement ralentie.

C'est moins de huit jours avant sa mort qu'il
donnait le bon à tirer de la vie du comte de
Lambel dont il venait d'écrire la préface et déjà
il se préoccupait de dresser la liste des personnes
auxquelles il offrirait cet ouvrage, composé avec
son cœur non moins qu'avec son intelligence.

Le samedi 23 septembre, il avait reçu la communion des mains du supérieur des chapelains
de la Délivrande, et comme celui-ci lui parlait
de guérison et en trouvait le gage dans la composition de cette Notice qui témoignait d'une
pleine maîtrise d'esprit et de plume, le malade
répondit, avec le sourire bienveillant et le ba-
lancement de tête qui lui étaient familiers :
« On dira de cet ouvrage qu'il a été écrit sur un
mort par un mort. »

Vingt-quatre heures après, cette parole était
justifiée. Le lendemain dimanche, dans la journée, presque sans agonie, après avoir reçu l'ex-

tréme-onction en pleine connaissance, *il s'étei-*
gnait.

*Un grand nombre de ceux qui liront les
pages consacrées au comte et à la comtesse
Alexandre de Lambel auront été les amis des
châtelains de Fléville. Chez eux ils auront connu
Amédée de Margerie ou par eux ils en auront
entendu parler. Voilà pourquoi il n'a pas paru
déplacé de relater ici l'événement douloureux
qui vient de rapprocher dans la mort ceux
qu'une amitié de cinquante ans avait intime-
ment unis pendant leur vie.*

*On retracera quelque jour la vie et l'œuvre
d'Amédée de Margerie. On y retrouvera plus
d'un trait de ressemblance — et c'est le plus bel
éloge qu'on en puisse faire — avec celles du
comte de Lambel.*

*Tous deux ont tenu, pendant leur très longue
existence, une place importante qui était due
moins à leur situation sociale qu'à la supériorité de leur intelligence et au rayonnement de*

leur charité ; tous deux ont prouvé, toujours et partout, que les fortes croyances, loin de rétrécir et d'abaisser l'esprit, l'élargissent et l'élèvent, et développent sans limites les facultés du cœur ; tous deux ont introduit et conservé dans leur vie l'harmonie qui résulte de l'union du vrai, du bien et du beau, et donné ainsi au monde le plus admirable spectacle et l'exemple le plus propre à tremper les caractères et à élever les âmes.

1ᵉʳ octobre 1905.

LE COMTE
ALEXANDRE DE LAMBEL

CHAPITRE PREMIER

Le général et madame de Lambel.

Lorsqu'on écrit la vie d'un homme de bien, c'est un devoir de justice de rechercher et de mettre en lumière les semences de vertus que les exemples et les enseignements de la famille ont déposées dans son âme. Il les a développées en fleurs charmantes et en fruits magnifiques ; c'est là son mérite. Mais il les avait reçues ; c'est là son bonheur ; c'est la première des grâces de Dieu, et ce n'est pas la moindre.

Et si cet homme de bien a été aussi un grand chrétien, un grand serviteur de Dieu, un grand ami des pauvres de Jésus-Christ, le germe des vertus surnaturelles qu'il a reçu au foyer et qu'un cœur de mère a cultivé dans son cœur est plus précieux encore à recueillir.

Enfin si la piété filiale, si le culte toujours vivant de la mère prématurément disparue et la conscience de lui devoir tout après Dieu, si la vénération pour le père survivant et la sollicitude incessante de son bonheur en ce monde et de son salut dans l'autre ont été l'un des traits caractéristiques de la figure qu'on essaye de faire revivre, le devoir d'évocation devient plus impérieux parce qu'il répond aux plus chères intentions du fils et continue d'acquitter sa dette.

Pour toutes ces raisons, le général comte de Lambel et sa sainte et aimable épouse ont une place nécessaire à l'entrée de cette étude.

I

Alexandre-Jean-Maximin de Label de Lambel était né à Bar-le-Duc, d'une famille noble de robe, le 20 août 1771. Élevé par une mère du plus haut mérite qui, veuve à vingt-sept ans, se consacra tout entière à son éducation, il fit au collège de sa ville natale les plus brillantes études littéraires et scientifiques. Il aurait sans doute embrassé la carrière de ses ancêtres si le temps d'en choisir une n'eût pas été celui où il n'y avait

guère d'autre magistrature en France que celle
des tribunaux révolutionnaires, et où l'armée
était presque le seul refuge de qui voulait servir
son pays avec honneur. Ainsi se détermina sa
vocation militaire qui fut, en même temps, grâce
à son goût et à son aptitude pour les hautes ma-
thématiques, une vocation savante. A vingt-deux
ans, après cinq mois d'études spéciales à l'école
de Mézières, il était lieutenant du génie.

L'arme qu'il avait choisie n'était pas, même
alors, celle des avancements très rapides. Il fut
cependant nommé capitaine après deux années
de lieutenance. Il l'était depuis quelques mois
lorsqu'il se remit sur les bancs pour compléter
son instruction professionnelle à l'École poly-
technique qui venait de s'ouvrir. Puis il reprit
son poste et son grade. Et ce fut comme capitaine
qu'il prit, sous les ordres de Richepanse, une
part brillante à toutes les opérations de l'armée
du Rhin pendant les mémorables campagnes de
1799-1800, glorieusement terminées par la victoire de Hohenlinden. Il y fut plusieurs fois cité
à l'ordre du jour et y conquit le grade de chef de
bataillon.

Cinq ans plus tard, il réussissait, par une che-
vauchée de toute une nuit d'hiver, à se trouver
sur le champ de bataille d'Austerlitz d'où son
cantonnement était fort éloigné. « Quand on a
reçu un ordre, » disait-il noblement à ses offi-

ciers, « on ne fait que son devoir en l'exécutant. Il n'y a de mérite que quand un poste est rempli de péril et qu'on a été dispensé de s'y trouver. »

Austerlitz lui valut le grade de colonel. Il n'avait alors que trente-quatre ans. Et tout semblait annoncer qu'il serait général à quarante. Il ne les avait pas encore atteints lorsqu'une action de grand éclat, la prise d'assaut du fort de Malborghetto, préparée par son travail d'ingénieur, exécutée par son héroïsme de soldat (1809), sembla devoir hâter sa promotion.

Cependant la promotion ne vint pas, peut-être parce que l'exploit avait été accompli à l'armée d'Italie, loin de l'œil du maître. Et la fin de l'Empire le trouva encore colonel. Il ne paraît pas qu'il s'en soit jamais plaint; il était, comme Drouot, de la race des soldats qui mettent toute leur ambition à faire plus que leur devoir.

Il avait fidèlement servi la France sous Napoléon. Il continua de la servir sous la Restauration dont le principe n'était pas moins conforme à ses idées personnelles qu'à ses traditions de famille. Mais il n'était pas de ceux qui cherchent à faire récompenser leurs convictions. Et ce ne fut qu'en 1826 qu'un acte de tardive justice lui conféra le grade de maréchal de camp. En 1829, Charles X y ajouta le titre de comte.

Sa carrière militaire, jusqu'au bout laborieuse

et féconde, était achevée. Mais il avait conservé toute l'activité de son esprit, tout le sentiment des devoirs que la Providence impose aux privilégiés du rang, de la fortune et de l'intelligence. Il continua de cultiver les sciences qui lui avaient été chères ; il prenait part aux travaux de plusieurs sociétés scientifiques ou industrielles ; il faisait jouir de toutes les ressources de sa culture littéraire et de son esprit délicat et fin tout le cercle de sa famille et de ses amis ; « il consacrait sa fortune à secourir les malheureux par l'aumône du travail toutes les fois que cela était possible, et à encourager les arts et les découvertes heureuses » (1). De longues années de paix et de félicité domestique semblaient s'ouvrir encore devant lui lorsqu'un coup soudain vint briser sa vie en lui enlevant celle qui, depuis vingt-quatre ans, en était la joie et l'honneur (1832).

Il lui survécut près de vingt ans, soutenu par le dévouement infatigable, la tendresse délicate et les beaux exemples de son fils aîné, soutenu aussi par les devoirs que lui imposait l'éducation du plus jeune. Ceux qui l'ont connu pendant cette dernière période ont gardé précieusement le souvenir profond de sa bonté, de sa générosité, de la fraîcheur toujours jeune de son esprit et de

(1) *Notice sur le général comte de Lambel* (Extrait de la *Lorraine militaire,* p. 17 .)

sa plume, en qui se conservait quelque chose des grâces de la vieille société française.

Longtemps, par le malheur du siècle où il avait vécu, une seule chose, la plus nécessaire, avait manqué à cette âme si droite, si généreuse et si simple, la possession pleine de la vérité religieuse avec ses conséquences pratiques. Elle ne devait pas lui manquer jusqu'au bout, comme nous l'apprend, en ces lignes touchantes, le pieux curé de son cher Fléville. « Dieu, avant de l'appeler à lui, avait fait à M. le comte de Lambel une bien grande grâce. Il avait toujours respecté et honoré la religion. Mais depuis quelques années il avait eu le bonheur de revenir à la pratique complète de tous les devoirs qu'elle impose : la rectitude de son esprit, la bonté de son cœur, le sentiment profond du bien, le souvenir et les prières d'une épouse qui fut un ange de piété, le spectacle continuel et si touchant de la pratique domestique des plus belles et des plus douces vertus chrétiennes avaient préparé l'action de la grâce. Aussi ce fut une grande consolation pour tous ceux qui l'aimaient de penser que, quoique sa mort eût été bien soudaine (1), elle n'avait pas été sans préparation, puisque quelques semaines seulement auparavant, il était venu s'asseoir à la Table sainte avec cette noble

(1) Le général de Lambel mourut le 25 juin 1851, frappé d'une attaque d'apoplexie foudroyante.

simplicité qui caractérisait toutes ses actions (1). »

II

Tel fut le père. Ce que fut la mère et quelle mission elle accomplit dans la famille, le saint prêtre que nous venons de citer l'a dit, d'un mot qui n'exagère rien, en l'appelant un *ange de piété.*

Ici nous avons le meilleur des témoignages, celui du fils auquel est consacrée cette étude. C'est à cette source sacrée que nous avons puisé presque tout ce que nous allons dire pour la faire connaître. Il l'a consigné en vingt-huit pages manuscrites du *Livre de raison* où il inscrivait, selon l'excellente coutume d'autrefois, les principaux événements de la vie de famille, les souvenirs les plus profonds et les plus chers, les plus

---

(1) *M. le chanoine Bastien,* art. nécrologique publié dans *l'Espérance* du 5 juillet 1851. — Dès l'année précédente, le général s'était mis en règle, choisissant, pour donner l'exemple à toute la paroisse de Fléville, la circonstance particulièrement solennelle de l'Adoration perpétuelle. M. le chanoine Bastien rendit compte au fils de cette démarche décisive de son vénéré père, sachant bien quelle joie intime et profonde lui causerait la grande nouvelle si ardemment désirée : « Ce qui a fait surtout que cette fête a été pour nous une bien belle fête, c'est que monsieur votre père, avec toute la préparation nécessaire, à la grande édification de la paroisse, a eu le bonheur d'y faire la communion pascale. Il a rempli ce devoir d'une manière franche, généreuse, sans aucun respect humain, comme il convenait à son caractère si noble et si élevé. »

importants conseils de son expérience chrétienne.

Anne-Pauline Paillot, comtesse de Lambel, était née, elle aussi, à Bar-le-Duc, le 2 avril 1791; et ce fut en pleine tourmente révolutionnaire que s'écoulèrent les premières années de son enfance. Les églises étaient fermées et les prêtres proscrits. La vie religieuse, privée non seulement de toutes ses manifestations extérieures, mais de tous ses appuis, de toutes ses lumières, de tous les foyers où elle s'alimente, ne pouvait subsister dans les âmes et dans les familles que par des miracles de fidélité et de persévérance. Ces miracles s'accomplirent autour du berceau de l'enfant; et quand l'Église de France sortit enfin de ses catacombes sanglantes, les leçons et les exemples de sa pieuse mère avaient déjà préparé le terrain où la semence divine pourrait désormais être répandue par la main des pasteurs légitimes.

Sous l'œil d'une telle mère et par le docile concours qu'elle apporta elle-même aux soins dont elle était l'objet, son éducation, depuis la petite enfance jusqu'au plein épanouissement de sa belle jeunesse, fut ce qu'elle devrait toujours être, un progrès continu vers le bien, une culture intelligente des heureux dons de son esprit, une formation forte et douce de son caractère, par-dessus tout une orientation généreuse de tout

son cœur vers Dieu, vers tous les devoirs et
tous les dévouements de la vie chrétienne. « A un
âge où d'ordinaire les enfants ne cherchent qu'à
s'amuser, déjà elle pensait à plaire à Dieu et à
faire tout ce qui pouvait être agréable à ses parents. Elle courait au-devant de leurs désirs. Les
mères la citaient comme un modèle à leurs filles ;
et celles-ci, loin d'en concevoir aucune jalousie,
avaient déjà pour elle l'affectueuse admiration
qu'elles gardèrent à sa mémoire... Devenue
jeune personne, elle conserva la simplicité de
goûts et la charmante docilité d'une enfant. Les
exercices de piété, le soulagement des pauvres
auquel elle consacrait les économies de sa charité étaient les deux occupations favorites de ses
journées. Et sa plus chère récréation du dimanche, après la fidèle assistance aux offices
paroissiaux, était de visiter les pauvres et de s'entretenir de l'héritage céleste avec ceux qui sont
privés des biens de la terre (1). »

Ces œuvres de piété et de charité ne nuisaient
pas aux études. Elle les poursuivait très sérieuses
et très variées, avec autant de zèle que si elle
eût visé à ce « brevet supérieur » qui n'existait
pas de son temps. La littérature, l'histoire et la
géographie y allaient de pair avec le travail à
l'aiguille, le dessin et la musique avec les soins

____

(1) *Essai sur la vie de ma mère chérie, Anne-Pauline Paillot,
comtesse de Lambel.*

1.

du ménage, et même... avec la cuisine, sa mère
étant persuadée « que, pour bien commander, il
faut savoir exécuter les ordres qu'on donne ».

Telles étaient, à dix-neuf ans, sa haute et pratique culture, sa belle formation morale et chrétienne. On ne saurait rien imaginer de plus
complet. Le charme extérieur répondait d'ailleurs
à ce dedans aimable et solide. « La pureté de son
regard annonçait d'abord la beauté de son âme.
Sa taille, plutôt petite, était très fine, et sa tour-
nure très distinguée. La bonté, la douceur et l'esprit brillaient dans ses yeux noirs. Ses manières
étaient aussi simples qu'élégantes, et l'ensemble de
sa physionomie était des plus sympathiques (1). »

Elle fut recherchée par beaucoup de préten-
dants appartenant aux meilleures familles de
Lorraine. Le colonel de Lambel, encore ombragé
des récents lauriers de Malborghetto, eut le bonheur de l'obtenir; il était digne d'elle par ses qualités personnelles, par son glorieux passé et par
l'estime où il la tint jusqu'à son dernier jour.

Elle fut le modèle des épouses. « Que de fois
mon père m'a parlé, avec l'accent d'une conviction profonde, de ses mérites et de la perfection
avec laquelle elle savait accomplir envers lui ses
moindres devoirs ! Son dévouement se manifestait
par la continuité de ses soins et de ses attentions.

____

(1) *Essai sur la vie de ma mère.*

Elle s'étudiait à lui ménager des moments agréables, à lui épargner des contrariétés. Elle sacrifiait ses goûts à ceux de son mari avec tant de discrétion que celui-ci ignorait à quel degré elle pratiquait le renoncement. Comme sainte Élisabeth de Hongrie, elle n'invitait personne quand il était absent, et multipliait, dans une sorte de retraite, ses exercices de charité. Quand il était malade, ses prévenances délicates, sa vigilance attentive, sa sollicitude touchante étaient vraiment sans bornes (1). »

La distinction et l'agrément de son esprit l'appelaient à briller dans le monde. Elle y fut fort appréciée et recherchée. Il n'y avait cependant rien de moins mondain que cette femme chrétienne qui n'apportait pas dans les relations de la vie sociale le désir égoïste et vain de plaire, mais une bienveillance dont la source était dans la bonté de son cœur. Elle évitait avec un soin délicat tout ce qui, dans les conversations, peut blesser la charité chrétienne; au lieu de mettre *le moi* en avant, elle le tenait discrètement dans l'ombre; et ses visiteurs remarquaient toujours, en la quittant, qu'elle ne leur avait point parlé d'elle-même, mais d'eux et de ce qui pouvait les intéresser. Elle prenait vivement, — *éloquemment*, dit son fils, — la défense des absents; et

____

(1) *Essai sur la vie de ma mère.*

elle contribuait ainsi par son exemple à bannir
des salons qu'elle fréquentait cette peste sociale
qui s'appelle la médisance et qui glisse si aisément dans la calomnie. Elle ne pensait pas,
comme tant d'autres, qu'on ne peut avoir d'esprit
qu'aux dépens du prochain ; le sien, car elle en
avait et du meilleur, n'avait pas besoin de se faire
valoir ainsi et ne cherchait point d'ailleurs à se
faire valoir. Elle ne voyait dans la conversation
que l'échange aimable et utile des idées, des sentiments, des récits ; et la grâce de sa parole, l'élévation de ses pensées, la solidité de ses jugements s'y montraient sans effort, comme sans retour sur elle-même.

Elle était aussi le modèle des maîtresses de
maison dans les petites choses et dans les grandes.
Les petites, que cependant l'Esprit Saint ne dé-
daigne pas de louer dans le portrait si connu de
la femme forte, ce sont les soins du ménage,
l'ordre et la mesure dans les dépenses, la régularité dans les comptes, tout ce qui s'appelle économie domestique, tout ce qui, dédaigné par les
femmes frivoles ou prétendues intellectuelles,
contribue pourtant, dans une mesure très appré-
ciable, à rendre le foyer agréable et cher à ceux
qui l'habitent. Il suffit de dire qu'elle y excellait.
— Les grandes, c'est l'action morale du maître
sur les serviteurs, c'est l'art de concilier ensemble, dans ses relations avec eux, l'autorité

qui les maintient dans le devoir et la bienveillance qui le leur fait aimer par la douceur et la
sollicitude et qui respecte en eux les créatures
raisonnables du même Dieu, les rachetés du
même Sauveur, appelés, après les distinctions de
la terre, à posséder le même ciel.

Cette conciliation est, on peut le dire, le triomphe
des maîtresses de maison vraiment chrétiennes ;
et elle est souvent si difficile à réaliser que plusieurs y renoncent et s'en désintéressent comme
d'un problème insoluble. La générale de Lambel ne fut pas de ce nombre ; et son fils nous la
montre étendant, au lieu de le restreindre, le
cercle de cette tâche charitable et sociale. Après
avoir dit comment elle avait pratiqué cet art délicat, qui est en même temps un art de se faire
aimer, il ajoute : « C'est aussi pour cela que ses
fermiers lui étaient si attachés. Elle les recevait
avec un intérêt affectueux, elle les visitait pour
les éclairer et les instruire ; elle compatissait à
leurs peines, elle ne laissait échapper aucune
occasion de leur rendre service. »

On devine ce que fut sa charité envers les pauvres, non seulement la charité *qui donne* largement le superflu et qui sait au besoin s'imposer des privations pour grossir le budget des
bonnes œuvres, mais la charité *qui se donne*, la
charité qu'une sainte passion, dont la source
unique est dans l'amour de Dieu, fait accourir

partout où elle voit, partout où elle devine un besoin à soulager, une douleur à consoler, une plaie du corps ou du cœur à panser, une âme à relever, un désespoir à changer en résignation. Cette *mission de sœur de charité*, la générale de Lambel sut la remplir partout où les fonctions de son mari l'appelèrent à séjourner, puis plus particulièrement à Paris et à Fléville, quand leur résidence y fut définitivement fixée. Et l'on peut faire dater d'elle et de son action personnelle les commencements de cet admirable patronage chrétien qui, depuis trois quarts de siècle, a fait de cette petite commune un si rare exemple de paix et de fidélité aux meilleures traditions de la piété et de la vertu.

Cette épouse accomplie, cette chrétienne inépuisablement charitable fut par-dessus tout une incomparable mère. De tous les traits de sa noble vie c'est celui-là qui se détache avec le plus de relief et mérite le mieux d'être proposé en exemple, parce que nulle part l'amour et le dévouement maternels surnaturalisés par le christianisme n'ont été puisés avec plus de persévérance et d'ardeur à leur source divine, et aussi, comme on le verra dans la suite de cette étude, parce que nulle part ce dévouement et cet amour n'ont été plus dignement récompensés par leurs fruits.

Cette mère devait mourir très jeune, laissant

derrière elle deux fils, l'un encore presque adolescent, l'autre encore enfant. Et il semblait que
son œuvre fût inachevée. Mais elle en avait si
bien tracé le plan et si fortement établi les premières assises, que les deux édifices apparais-
saient déjà comme elle les avait voulus, et que
les espérances étaient déjà plus que des promesses.

Elle avait eu, dès avant sa première maternité,
le sentiment profond de la mission que Dieu
donne à toute mère : former des âmes pour le
ciel. Elle comprenait que sa tendresse, son abnégation, son dévouement de toutes les heures n'ont
leur pleine valeur que si cet amour maternel est
rattaché et rapporté au souverain amour de Dieu
comme à sa source et à sa fin suprêmes. Elle sentait que les forces humaines ne suffisent pas à
cette tâche divine. Et, en même temps qu'elle se
préparait à lui consacrer toutes les pensées de
son esprit, toutes les ardeurs de son cœur, toutes
les énergies de sa volonté, elle implorait humblement, persévéramment, la grâce de Dieu pour
la bien accomplir. Sa vie de mère fut donc tout
à la fois une vie de prière parce qu'elle savait
que tout dépend de Dieu, et une vie d'action
comme si tout eût dépendu d'elle-même.

Ici il faut laisser parler le cœur de ce fils aîné
qui seul peut-être a su mesurer la profondeur de
cet amour dont il fut le premier objet, en noter

jour par jour les aimables industries, en goûter les inexprimables douceurs, en bien connaître l'inspiration plus qu'humaine. Lui-même avoue son impuissance à parler suivant son cœur de ce qu'il doit à cette mère. Il en parle cependant mieux que ne pourrait faire aucun autre. Et c'est à lui qu'appartiendront presque intégralement les dernières pages de ce chapitre.

« Avec quelle tendresse ma mère ne veilla-t-elle pas sur le berceau de ses enfants ! Combien de fois, les yeux baignés de larmes, ne deman-da-t-elle pas à Dieu de les bénir et de leur ins-pirer l'amour du bien, persuadée que les ouvriers travaillent en vain si le Seigneur ne prend soin de construire l'édifice !

« A peine eut-elle remarqué en nous quelque lueur d'intelligence qu'elle nous apprit à lever nos mains et nos cœurs vers le bon Dieu, puis à concevoir et à goûter les principales vérités de la foi, proportionnant si bien ses petites instructions à la faiblesse de notre âge que nous y trouvions ce qui pouvait nous intéresser et nous toucher, sans qu'il s'y rencontrât rien qui dépassât notre portée.

« Plus tard elle s'efforça de nous donner des idées justes sur la vie humaine et de nous faire apprécier à leur valeur les choses d'ici-bas. Elle nous montrait la folie des enfants qui se dis-pensent du travail, se fiant sur la richesse de leurs parents. — Aujourd'hui, nous disait-elle, nous avons de la fortune ; qui sait si demain nous n'aurons pas tout perdu ? Et s'adressant plus spécialement à moi, elle ajoutait : Travaille donc, mon enfant ; exerce ton intelligence, meuble ta mémoire. Ce que tu sauras sera bien à toi, et personne ne pourra te l'enlever.

« Connaissant les dangers des internats universitaires (la liberté de l'enseignement n'existait pas alors, et il n'y avait pour ainsi dire pas en France de collèges catholiques), elle me fit suivre comme externe les classes d'un des collèges royaux de Paris et se chargea de diriger mes études. Elle mit tant de régularité dans l'organisation de mes journées que je trouvais à la maison l'ordre et le recueillement des meilleurs pensionnats. Afin que rien ne dérangeât sa surveillance, elle cessa complètement d'aller dans le monde. Elle l'avait charmé par son amabilité ; elle l'édifia par sa retraite.

« Chaque matin, entre cinq heures et six heures, elle interrompait son sommeil pour me réveiller, et souvent ne se rendormait pas. Après les heures matinales données aux exercices de piété et à la direction de sa maison, elle s'appliquait, pendant la journée et même le soir, à stimuler mon zèle pour l'étude. Tantôt elle me faisait réciter mes leçons. Tantôt elle écrivait de sa jolie écriture des pensées ou des récits historiques dont elle souhaitait que je gardasse le souvenir. Tantôt elle complétait mes notions de géographie par des cartes qu'elle dessinait et coloriait elle-même.

« Elle aimait à encourager le plus léger effort et le plus petit progrès. Aucune bonne note donnée par les maîtres, aucune place de premier, aucune couronne obtenue à la distribution des prix ne restait sans récompense. Elle avait toujours des cadeaux en réserve afin, disait-elle avec grâce, de n'être jamais prise au dépourvu.

« Par-dessus tout elle s'attachait à corriger nos défauts et à cultiver en nous le germe des vertus chrétiennes. Chaque faute volontaire était l'objet d'une douce, mais énergique répression dont elle tenait à nous faire comprendre la justice et à nous donner les raisons en nous expliquant que les défauts qu'on n'a point combattus à leur naissance deviendront des passions dont on subira, toute sa vie peutêtre, l'humiliant esclavage.

« Vivre pour Dieu, vivre devant Dieu, c'était à cela que revenaient toutes ses leçons dont la meilleure était son exemple. — Ce que Dieu demande de toi, me disait-elle, c'est ton cœur; donne-le-lui tout entier. Marche toujours en sa présence ; là est la source de toute perfection. Avant d'agir, examine si ce que tu projettes doit lui plaire ; et tu seras sûr de bien agir. Travaille avec persévérance; deviens un homme instruit et sérieusement chrétien afin de te mettre à la hauteur de la position à laquelle tu es appelé, ou de savoir en faire généreusement le sacrifice si les événements t'en faisaient descendre.

« Parfois ma mère semblait prévoir que nous serions de bonne heure orphelins. — Mon enfant, me disait-elle alors avec l'accent de la plus tendre sollicitude, j'ai voulu que tu fusses le parrain de ton frère afin qu'il ait en toi une confiance tout à fait filiale et que tu le diriges dans tout le cours de sa vie. En te choisissant, je t'ai donné une grande mission qui doit être pour toi-même un stimulant au bien. Tu me remplaceras auprès de lui, tu seras *son petit père*.

« Aussi tenait-elle beaucoup à ce que *mon petit enfant* fût instruit par son parrain des premières vérités de la foi. Elle me dirigeait dans mes débuts. Elle attachait une grande importance à ce que je fisse régulièrement *mes instructions;* et elle y pensait encore la veille du jour où elle devait paraître devant Dieu (1). »

On verra plus loin avec quelle générosité le fils accepta ce legs qui était inconsciemment celui d'une mourante, quel lien plus que fraternel il établit entre les deux frères, et comment la reconnaissance presque filiale du plus jeune ré-

______

(1) *Essai sur la vie de ma mère.*

pondit pendant cinquante ans à la sollicitude presque maternelle de l'aîné. Et l'on voit comment nous avons pu dire que l'œuvre qui allait être si brusquement interrompue était cependant une œuvre déjà achevée.

C'était à Paris, en 1832. Le choléra sévissait, avec les ravages et les épouvantes de sa première apparition. « Le 15 août, jour de l'Assomption, ma mère s'était rendue de bon matin à l'église pour y recevoir le pain des anges, gage de la vie éternelle. Le reste du jour elle ressentit des douleurs inaccoutumées. Le lendemain elle expirait après de cruelles souffrances. (1) » Elle avait quarante et un ans; et l'on put bien dire d'elle : *consummata in brevi, explevit tempora multa;* il y avait eu dans le cours de sa brève existence plus de bien accompli dans le présent, plus de bien préparé pour l'avenir qu'il n'en faudrait pour remplir utilement des vies beaucoup plus longues. Car de tels exemples laissent partout des semences fécondes. Et quand c'est une mère qui les a donnés à ses fils, les vertus de ceux-ci sont dans le ciel une partie de ses joies et un fleuron de sa couronne.

____

(1) *Essai sur la vie de ma mère.*

CHAPITRE II

L'enfance et les premières années
de la jeunesse.

Alexandre de Lambel est né à Paris le 14 septembre 1814.

Tout ce que nous savons de ses premières années est contenu dans les pages qu'il a écrites sur sa sainte mère et dans quelques lettres qu'il lui adressait soit à l'occasion d'une fête, soit en lui faisant hommage d'un essai d'écolier, soit au cours de quelque absence. Les premières en date ont toute la charmante naïveté de la petite enfance. Peu à peu le style se forme et le ton devient plus ferme; mais l'accent est toujours le même, celui du plus tendre amour, de la vénération la plus profonde et de la plus humble obéissance. On sent, à leur lecture, que l'enfant a le culte religieux de sa mère, que le désir de lui plaire est le mobile toujours présent de ses actions, et qu'il serait inconsolable de lui avoir désobéi.

Il paraît que cela lui arriva une fois, alors qu'il avait à peine atteint l'âge de raison et que sa calligraphie était encore un peu rudimentaire. La matière sans doute, comme disent les théologiens, n'était pas bien grave, ni le consentement bien entier; mais sa jeune conscience lui en fit sur-le-champ les plus vifs reproches, et il se hâta d'en exprimer par écrit toute sa contrition à sa mère. Il y a dans ce langage d'enfant une pensée déjà profonde :

« *Ma chère maman,*

« *Je te demande bien humblement pardon, et je te promets de ne plus te désobéir; et si je recommence, je te prie de me montrer ce billet.*

« *Ton soumis fils,*

« *Alexandre.* »

Ce que fut cette éducation, les pages citées plus haut le disent assez. Quel en fut le succès au point de vue des études, quelques lignes de l'une d'elles le laissent conjecturer, celles où le fils raconte qu'aucune bonne note, aucune place de premier, aucune couronne ne restait sans récompense. Ces bonnes notes, ces belles places, ces glorieuses couronnes ne purent être rares dans sa vie d'écolier. Il n'en parle qu'en passant et pour ajouter un trait à la physionomie qu'il veut peindre. Mais quiconque a connu son extrême humilité et son attention à écarter tout ce qui aurait pu lui attirer des éloges saura lire entre les lignes et deviner à travers le témoignage que le fils rend à sa mère celui qu'il ne songe pas à se rendre à lui-même.

Quant au développement de sa vie religieuse, les premiers pas de sa jeunesse nous en diront assez l'intensité et la ferveur. Les convictions étaient formées, les habitudes étaient prises, la vie morale gouvernée dans tous ses détails par le sentiment du devoir chrétien, l'œuvre maternelle entièrement achevée dans le présent et pour l'avenir lorsque, à dix-sept ans, Alexandre de Lambel fut privé par un coup soudain de la douce et forte tutelle sous laquelle il avait grandi.

Madame de Lambel, dans ses fréquents et intimes entretiens avec son cher aîné, lui avait laissé tout un programme de vie. Il serait un homme de travail malgré la contagion des exemples contraires, malgré les tentations d'une fortune déjà faite, malgré les portes fermées de toutes les carrières publiques. Il serait le tuteur et le second père du jeune frère dont il avait accepté, au baptême, la paternité spirituelle. Toute la suite de cette étude dira comment il s'acquitta de la première tâche. Il faut dire dès maintenant comment il remplit la seconde.

Il s'y mit sans retard et sans relâche, avec une persévérance que rien n'interrompit jamais, avec le sentiment d'une mission donnée par Dieu même, avec une autorité douce, une vigilance et une tendresse qui dépassèrent tout ce qu'on en pourrait dire et qui n'eurent d'égale que la touchante reconnaissance de ce jeune frère qui avait retrouvé en lui une vraie mère. Avec les années la tutelle se détendit peu à peu ; Alexandre ne voulut plus se considérer comme un protecteur et un guide ; il s'empressa au contraire de se ramener lui-même à ce niveau d'égalité qui est la condition des amitiés parfaites ; et de sa maternité d'autrefois il ne garda que la tendresse et le dévouement. Paul conserva toujours vis-à-vis de son cher aîné une attitude de déférence et de reconnaissance filiale ; et l'union des deux frères, avec cette nuance, fut pendant toute leur vie un beau et rare spectacle qu'aucun témoin ne saurait oublier.

J'en voudrais donner tout de suite un signe très caractéristique.

Devenus tous deux chefs de famille, demeurés tous deux habitants du château de Fléville, vivant sous le même toit à Paris, quelques mois seulement les séparaient chaque année. Pendant ces mois, ils s'écrivaient à peu près tous les jours. Je ne veux pas dire que la poste timbrait quotidiennement une lettre de l'un et une de l'autre ;

cette prodigalité postale eût été un luxe qui eût réduit la part des pauvres. Mais chacune des deux ou trois ou quatre missives échangées par semaine était un journal qui portait sans interruption autant de dates qu'il y avait de journées écoulées depuis la précédente et qui continuait la communauté de vie pendant les temps d'absence. J'ai tenu dans mes mains avec un pieux respect ce témoignage de la plus belle et de la plus étroite des intimités fraternelles ; j'ai parcouru ces milliers de pages écrites au courant de la plume et où beaucoup de détails ne pouvaient avoir que l'intérêt passager d'une vie quotidienne où les deux correspondants veulent se suivre l'un l'autre. Mais on ne saurait dire quelle impression émue ce vaste ensemble laisse dans tous les cœurs qui estiment à leur prix les affections fraternelles. Après qu'on l'a eu sous les yeux, le mot charmant d'un psaume jaillit spontanément du cœur : *Ecce quam bonum et quam jucundum habitare fratres in unum* (1) !

Cette correspondance, dont l'aîné fit d'abord presque tous les frais, remontait au temps où celui-ci reçut comme un dépôt sacré son tout jeune frère des mains de leur mère mourante. Il est assez rare qu'un jeune homme de dix-sept ans, tout entier aux aspirations, aux élans, aux

(1) Ah ! la bonne et la douce chose pour des frères d'habiter toujours ensemble !

horizons de la vie qui s'ouvre devant lui, sache
parler le langage qui convient à la petite enfance ;
et il semble que les mères aient seules le secret
de ces abaissements aimables qui mettent les
grands au niveau des petits. Alexandre s'y plia
sans effort ; et les lettres qu'il écrivit à Paul pendant cette première période ont le charme particulier d'une adaptation parfaite à l'état mental de
son jeune correspondant pour qui *lire l'écriture*
était encore un petit effort. Tantôt il lui raconte
des histoires amusantes, tantôt il lui donne des
conseils à la portée de son âge, lui parlant du
bon Dieu comme sa mère avait su lui en parler
à lui-même, l'associant dans ses récits à ce que
les fêtes religieuses ont de plus accessible à son
imagination et à son cœur ; tantôt il lui dit le
détail de tout ce qui peut l'intéresser dans les
choses de la vie de famille, l'entretenant de ses
jouets favoris, de ses bêtes familières, comme s'il
y prenait lui-même un sérieux plaisir ; ou bien,
il le questionne sur les leçons qu'il apprend ou
lui explique les petites difficultés qui l'arrêtent.
Et dans ces documents intimes nous pouvons
voir à l'œuvre un travail d'éducation progressive
qui suivait pas à pas, avec le tact et la sollicitude
d'une vraie mère, l'insensible évolution de l'âge,
de l'intelligence et du cœur. Les lettres, comme
les absences, étaient l'exception ; et l'on voit bien
qu'elles n'étaient que la continuation écrite d'un

travail habituellement quotidien qui ne laissait
en dehors de son action aucune des tâches dont
l'éducation se compose, ni les études, ni les jeux,
ni surtout la formation des bonnes habitudes
qui deviendront plus tard des vertus.

Sans bruit et sans relâche, s'effaçant toujours
devant l'autorité paternelle dont il voulait n'être
que l'humble délégué, Alexandre demeura fidèle
jusqu'au bout à sa mission éducatrice, où l'efficacité des conseils fraternels proposés plutôt
qu'imposés fut plus grande encore que celle des
leçons, et l'efficacité des exemples plus grande que
tout le reste. Ainsi se perfectionnait sa vertu en
même temps que se formait progressivement celle
de son cher filleul. Elle n'aurait pas eu besoin
sans doute de ce stimulant, car il s'était donné à
Dieu sans retour et pour toujours ; il avait, dès
son adolescence, la claire vue du sens de la vie
humaine, le ferme dessein de suivre sans défaillance la voie sacrée qui la conduit à son terme
divin ; et la pureté de son zèle pour étendre le
règne de Dieu dans les âmes et pour soulager
toutes les formes de la souffrance humaine eût
été, par elle-même, une protection suffisante de
la pureté de ses mœurs. Mais lui seul aurait pu
dire ce qui s'ajoutait de puissance à cette garantie
lorsqu'il se voyait placé devant son jeune frère
comme un modèle et presque comme un idéal.
Il comprenait qu'aucune de ses paroles, aucun

de ses actes ne serait perdu pour ce spectateur
toujours présent ; il se disait que tout faux pas
ou toute défaillance de sa part, tout ce qui s'é-
carterait si peu que ce fût de la ligne parfaitement droite dans la façon de penser, de dire ou
d'agir serait un scandale pour une autre vie que
la sienne. Et cette conviction lui était un aver-
tissement continuel à faire tout son devoir, —
plus que cela, une excitation à faire, dans la
mesure du possible, au delà de son devoir.

L'œuvre éducatrice ainsi comprise et prati-
quée répondait déjà largement à l'autre recommandation de madame de Lambel ; car elle était
un sérieux travail qui remplissait bien des heures,
en même temps qu'une sollicitude qui les occupait toutes. Mais Alexandre ne l'entendait
point ainsi et ne se croyait pas quitte à si bon
compte. Avec raison il ne considérait pas les
études qui l'avaient conduit au baccalauréat
comme une formation suffisante de son esprit,
comme un armement assez complet pour la milice de la vie. Il avait commencé son droit lorsqu'il perdit sa mère. Il va sans dire qu'il le continua jusqu'à la licence, terme où s'arrêtaient la
plupart des étudiants, de ceux même qui se des-
tinaient au barreau, à la magistrature ou à l'administration. C'était déjà un bel exemple donné
à la jeunesse de sa condition sociale qui, d'ordinaire, était loin d'en faire autant, n'y étant sol-

licitée ni par les impérieuses nécessités d'une
carrière, ni par un bien vif amour de la science
pour la science. Mais, ce qui en ce temps était
tout à fait une rareté, il résolut de pousser plus
loin, jusqu'au doctorat. C'étaient deux années
de plus, deux examens et deux thèses, une longue
captivité, un vrai luxe, semblait-il, car cela ne
menait à rien... qu'au doctorat lui-même. Un
vicomte docteur en droit était donc, en ce temps-
là plus qu'aujourd'hui, un phénomène de l'es-
pèce la moins connue. Si le faubourg Saint-Germain en comptait d'autres spécimens que lui,
assurément il n'en comptait guère. Et l'on peut
croire que, quand on sut son intention, plusieurs
de ses jeunes contemporains lui dirent ou se
dirent : à *quoi bon?*

Il laissa dire, se souvenant peut-être de ce que
lui avait dit sa mère : « Aujourd'hui nous avons
quelque fortune ; qui sait si demain nous n'aurons pas tout perdu ? » mais estimant surtout que
si l'on veut être bon à quelque chose en ce monde,
on ne saurait pousser trop loin, dans une direction ou dans une autre, la culture de son esprit ;
et que savoir travailler est le plus précieux de
tous les savoirs (1).

____

(1) D'après une des nombreuses notices nécrologiques publiées
sur le comte Alexandre de Lambel peu de temps après sa mort, il
aurait joint au titre de docteur en droit le titre de docteur en médecine. Il ne semble pas que cette assertion soit fondée.

Premièrement elle ne répond aux souvenirs d'aucun membre de sa famille.

Secondement, il n'y est fait allusion dans aucune de ses correspondances. Il était bien homme à s'en cacher comme de tout ce qui pouvait lui attirer quelque éloge. Mais si la chose était vraie, il est au moins probable qu'elle serait mentionnée dans quelqu'une des lettres qu'on lui écrivait.

Troisièmement, nous ne voyons pas où placer dans sa vie de jeunesse les cinq grandes et laborieuses années d'études médicales qu'il faut officiellement traverser pour arriver au doctorat.

Enfin il n'aurait pu faire ces études qu'à la Faculté de médecine de Paris, et son nom devrait figurer sur les registres de cette Faculté. Il n'y figure à aucune date.

CHAPITRE III

Les débuts dans la vie charitable.
La fondation de l'œuvre de Saint-Jean.

Le grand mouvement charitable qui a commencé de se produire en France il y a bientôt trois quarts de siècle s'est principalement incarné dans la Société de Saint-Vincent de Paul. Grain de sénevé d'abord, elle est devenue l'arbre immense qui étend aujourd'hui son ombre bienfaisante sur le monde entier. Fondée à Paris en 1833 par des jeunes gens et pour des jeunes gens, elle s'est propagée dans tous les pays, elle s'est recrutée dans tous les âges et presque dans toutes les classes. Elle a traversé toutes les épreuves, même celle de ses prodigieux développements, sans y rien perdre de son esprit primitif de piété, de simplicité et d'union fraternelle. Au milieu de toutes nos transformations politiques et sociales, elle a conservé toute l'opportunité, toute l'ac-

tualité qu'elle eut à son berceau. Elle reste
« l'œuvre mère et maîtresse » pour tout laïque
qui veut pratiquer envers les pauvres, envers
leur corps et surtout envers leur âme, le précepte de la charité chrétienne.

Ceux qui savent quel ouvrier le comte
Alexandre de Lambel y fut pendant plus de
soixante ans s'attendraient à l'y rencontrer dès
la première heure et pourront éprouver quelque
surprise à n'y pas voir figurer son nom dès le
lendemain du jour où elle prit naissance.

L'explication est simple.

La Société de Saint-Vincent de Paul fut l'œuvre
de la jeunesse des écoles. Or, il n'appartenait à
cette jeunesse que par son assiduité aux cours.
Ni les conditions de sa vie toute familiale, ni ses
relations sociales, ni le quartier même qu'il habitait assez loin du « pays latin » ne le mêlaient à
elle. Il n'était enrôlé dans aucun de ses groupes,
ni, cela va sans dire, dans le groupe débraillé des
étudiants tapageurs, ni même dans celui des
travailleurs sérieux où les catholiques formaient
le petit bataillon qui avait fourni à l'œuvre naissante ses premiers volontaires. Il lui manquait
le contact quotidien avec eux, les promenades et
les causeries sous les grands arbres du Luxem-
bourg, les soirées passées en commun dans une
chambre d'étudiant où s'échangeaient en liberté les
idées généreuses, où se formaient et se discu-

taient les plans d'apostolat chrétien. C'était dans ces conditions de camaraderie fraternelle que s'était allumée l'étincelle, que l'idée avait pris corps, que les engagements de se dévouer aux pauvres pour l'amour de Dieu avaient été échangés, que l'association s'était consolidée par des règles et avait reçu avec une rapidité inespérée ses premiers développements, alors qu'Alexandre de Lambel en ignorait encore l'existence. Les huit de sa fondation de 1833 étaient déjà 325 en 1835 lorsqu'elle lui fut révélée par quelqu'un de ces hasards que la Providence ménage toujours aux hommes de bonne volonté.

Dès qu'il la connut, il la reconnut et s'éprit pour elle d'un de ces nobles amours dont la jeune flamme ne perd, en vieillissant, rien de sa chaleur ni de sa lumière. Elle répondait avec une exactitude absolue à sa propre conception du devoir du riche envers le pauvre, de l'homme instruit envers l'ignorant, de l'homme qui croit envers l'homme à qui manque la vérité religieuse. Il en pratiquait solitairement les œuvres. Et son inscription, — en novembre 1835, — sur les registres de la florissante conférence de Saint-Sulpice n'ajouta à sa vie charitable que l'accroissement de force et d'ardeur dont on prend conscience en soi-même quand on a la joie de travailler ensemble.

La suite de sa longue vie nous donnera plus

d'une fois le beau spectacle de cet accroissement. Provisoirement laissons-le dans sa modeste tâche de nouveau soldat dans une armée déjà formée, et suivons-le sur un terrain où Dieu lui réservait un rôle de créateur et d'initiateur.

En ce temps lointain, il y avait, au faubourg Saint-Germain, dans la rue de Bourgogne, une église sans apparence, toute petite et qui avait plutôt l'air d'une chapelle que de l'église paroissiale qu'elle était. Sa circonscription comprenait une partie de celles qui forment aujourd'hui la paroisse de l'église Sainte-Clotilde non encore construite et la paroisse de Saint-Pierre du Gros-Caillou, réunissant ainsi deux quartiers, l'un aristocratique et riche, l'autre populaire et pauvre. Elle s'appelait l'église de Sainte-Valère. Son curé, l'abbé Landrieu, était un saint et un apôtre ; son zèle et sa parole éloquente y firent un bien infini pendant dix ans. Et lorsqu'il mourut en pleine vigueur et en plein travail, tout son troupeau pleura avec un égal regret la main charitable qui prodiguait les secours et pansait les blessures, la voix aimée qui portait dans les âmes, avec une rare force de persuasion, la lumière de la vérité chrétienne.

Une de ses plus pieuses paroissiennes, mademoiselle de Camelin, avait recueilli, le crayon à la main, avec une intelligente exactitude, les instructions qu'il avait coutume de faire à Sainte-

Valère, et les avait rédigées d'après ses notes pour sa propre édification. Après la mort du saint curé, elle pensa que leur lecture pourrait être utile aux âmes auxquelles il les avait destinées. Et elle entreprit de les publier, s'engageant vis-à-vis d'elle-même à consacrer aux pauvres le produit possible de la vente.

L'ouvrage parut par livraisons en 1837 (1). Il eut un grand succès et donna d'importants bénéfices qui permirent à mademoiselle de Camelin. d'étendre un peu son projet charitable et de songer non plus seulement à des aumônes transitoires, mais à quelque fondation plus stable où se perpétuât le souvenir de l'auteur. Elle pensa d'abord à l'établissement d'une salle d'asile dans ce quartier du Gros-Caillou que M. Landrieu avait aimé d'un amour de choix parce qu'il contenait la portion la plus déshéritée de son troupeau. La salle d'asile porterait son nom ; et de la sorte le défunt parlerait encore, — *defunctus adhuc loquitur*, — aux chères âmes qu'il avait évangélisées avec tant de zèle. Ce projet n'était d'ailleurs qu'un avant-projet ; mademoiselle de Camelin se défiait trop d'elle-même pour prendre, de son propre mouvement, une résolution définitive. Et elle cherchait conseil.

On lui dit qu'il y avait au n° 33 de la rue

____

(1) Voir la note A à la fin du chapitre.

Saint-Dominique un jeune homme de vingt-trois ans, docteur en droit, pieux, charitable, de bon conseil, très attaché à la mémoire de M. Landrieu qui avait été son confesseur depuis sa première communion, — que ce jeune homme, éloigné des fonctions publiques par des raisons de fidélité politique, pouvait avoir des heures disponibles pour les bonnes œuvres, — et qu'il s'appelait le vicomte Alexandre de Lambel. Elle lui dépêcha le premier vicaire de la nouvelle paroisse du Gros-Caillou, intime ami de M. Landrieu, pour lui exprimer son désir de conférer avec lui sur une question de charité. De la rue Saint-Dominique on renvoya le vicaire à la mairie où le jeune vicomte était de garde (c'était le beau temps de la milice citoyenne). Il s'y rend, et s'adresse au factionnaire : — « M. de Lambel est-il au corps de garde ? » — « C'est moi, monsieur l'abbé. » Et devant la guérite une conversation s'engage entre l'homme au fusil et l'homme en soutane. Celui-ci expose le but de sa démarche ; celui-là prend rendez-vous et, son devoir civique accompli, s'empresse de se présenter chez mademoiselle de Camelin.

Et le résultat de leurs entretiens fut que celle-ci, qui n'y apportait aucun « esprit propre », renonça à son projet pour en adopter un tout différent suggéré par celui-là.

Essayons de reconstituer la genèse de ce projet qui, sans doute, était préparé d'avance dans l'esprit du jeune garde national puisque, pris à l'improviste, il sut l'exposer tout entier dans son but et dans ses moyens.

Sa fréquentation assidue des familles ouvrières, de celles surtout dont la vie est plus dure et les ressources plus précaires, l'avait plus d'une fois mis en présence d'un des plus redoutables problèmes qui puissent se poser devant elles : l'avenir matériel et moral de leurs enfants. Et il avait pu constater avec quelle fâcheuse insouciance ce problème est trop souvent envisagé par elles. A peine sorti de l'école, l'enfant est mis en apprentissage à peu près n'importe où, sans grand souci de la moralité du patron, moins encore de celle de l'atelier et de ce qu'il y rencontrera de bons ou de mauvais conseils, d'exemples salutaires ou corrupteurs. Si pure et si chrétienne que l'école ait pu être, si sincères que soient les résolutions qu'il en emporte, elle n'a pu l'armer que très imparfaitement encore contre les séductions du dehors auxquelles vont bientôt répondre les entraînements intérieurs. Et toutes les chances sont, hélas ! pour qu'il succombe et pour que l'apprentissage rende à la société, au lieu de l'enfant honnête et pieux qu'il a reçu, l'ouvrier débauché et libre-penseur qu'il en aura fait.

Qu'aura-t-il manqué pour que les choses tournent autrement? Un ami éclairé et zélé qui, en temps utile, éveille l'attention des parents sur cette partie si négligée de leur devoir, qui leur fasse comprendre combien il est de l'intérêt non pas seulement de leur fils, mais d'eux-mêmes, de leur honneur, de leur paix domestique, de la sécurité de leur vieillesse, de le placer dans des conditions morales qui le forment au lieu de le déformer, qui l'aident à devenir un bon ouvrier, sage, rangé, sobre, en un mot chrétien, — un ami qui les aide dans le choix du patron et de l'atelier, — un ami qui aime l'enfant lui-même et qui, l'aimant, sache le suivre, l'encourager, au besoin le reprendre, — un ami qui veuille lui donner de ses heures en même temps que de son cœur, et qui prenne la peine de mettre dans sa jeune vie du dimanche deux choses dont elle a besoin : le complément de l'éducation religieuse, l'épanouissement et la détente des récréations et des jeux.

Tout cela est proprement un patronage. Et nous ne devons pas douter qu'Alexandre de Lambel ne le pratiquât déjà pour son compte auprès des familles dont sa chère société de Saint-Vincent de Paul lui avait ouvert l'accès. D'autres assurément faisaient de même dans l'isolement de l'effort individuel. Mais quelle déperdition de forces dans cet isolement! et combien l'action serait à la fois plus facile et plus féconde si on la faisait à plusieurs, si on l'exerçait sur tout un groupe d'apprentis, si quelque prêtre zélé s'y joignait pour leur distribuer la parole de Dieu sous une forme adaptée à leur âge, à leur situation, à leurs devoirs professionnels! quel entrain nouveau animerait les jeux! quelles belles amitiés chrétiennes pourraient naître, quel esprit de corps, quel sentiment de l'honneur du drapeau, quelle contagion du bien opposée à la contagion du mal!

Et quel beau rêve pour quiconque aime les âmes, et le peuple, et la famille chrétienne, et la patrie ! Or ce rêve, personne n'a le droit de l'ignorer, est aujourd'hui une réalité magnifique à Paris, dans toute la France, dans tout l'univers catholique. Et l'idée saute tellement aux yeux, son application est si simple et si pleine de promesses qu'on s'étonne en vérité qu'elle ait été si tardive.

Quoi qu'il en soit, elle n'avait pris corps ni à Paris ni, autant que nous pouvons le savoir, dans aucune ville de France lorsque mademoiselle de Camelin eut son premier entretien avec Alexandre de Lambel. Cette idée fut précisément le projet qu'il lui apporta et lui fit agréer. Et les 3.966 francs qu'avait produits la vente des *Conférences de Sainte-Valère* (1) furent les premiers

____

(1) Cette somme fut presque doublée par les ventes ultérieures.

fonds qui payèrent les premiers frais du premier patronage d'apprentis institué à Paris.

La charitable donatrice ne borna pas son action à un concours pécuniaire. Dès qu'elle eut adopté l'idée, elle travailla à sa réalisation avec plus d'ardeur peut-être que si elle en eût pris la première initiative. De concert avec son jeune conseiller, elle fit toutes les démarches nécessaires pour obtenir l'approbation et le concours de l'autorité ecclésiastique, pour former un conseil chargé de dresser les budgets annuels et de décider les questions les plus importantes, pour recruter les dames patronnesses dont le zèle charitable alimenterait la caisse. Pendant deux mois elle fut constamment en contact avec lui, tantôt par des entretiens, tantôt par des lettres qui ont été conservées pieusement par leur destinataire et qui lui témoignent la plus entière confiance. Il avait eu l'idée ; elle entendait bien qu'il eût la peine, la responsabilité et le mérite de l'exécution. C'était, dans son esprit, chose entendue d'avance. Et lui qui, peut-être, n'avait pas su à quoi il s'engageait en proposant son projet, accepta simplement la charge en homme qui se déroberait aux honneurs, mais ne refuse pas le travail, — un travail qui devait durer plus de soixante ans.

Mademoiselle de Camelin ne devait pas voir ici-bas le développement de son œuvre. Elle mourut peu après, ne la laissant qu'en germe.

C'était du ciel qu'elle devait en suivre et en bénir les progrès.

L'œuvre fut appelée « le Patronage de Saint-Jean », du nom que M. Landrieu avait reçu au baptême. Elle eut pour premier directeur spirituel M. l'abbé de Dreux-Brézé, plus tard évêque de Moulins. Son conseil était constitué, ses dames patronnesses prêtes à agir. Rapidement et mûrement préparée, elle pouvait naître. Et elle naquit le 15 août 1838, jour de l'Assomption de la très sainte Vierge, non point dans un local approprié, mais dans une salle d'hospice provisoirement mise à la disposition des fondateurs.

« Là, quatre jeunes apprentis se réunissaient pour la première fois, s'associaient pour résister aux séductions des mauvais exemples et des entraînements funestes, apprenaient avec émotion l'origine de tout le bien qui allait leur être fait, et se rendaient ensuite à l'église pour assister aux offices de la paroisse. »

Voilà bien du monde, hommes et femmes, laïques et prêtre, au service de quatre enfants. Mais patience! Sept ans après, en 1845, ils sont cent, dont soixante apprentis et quarante écoliers. Il faut émigrer de la salle d'hospice, d'abord trop spacieuse, où l'on est maintenant entassé. Les Frères des écoles chrétiennes mettent gracieusement un local plus vaste à la disposition du patronage qui y séjournera neuf ans. Enfin en 1854, grâce à de nouvelles et magnifiques libéralités, l'œuvre est chez elle ; nous pouvons l'y voir en plein fonctionnement. Ici nous n'avons plus qu'à transcrire.

« Que se passe-t-il à l'Œuvre de Saint-Jean, et comment accomplit-elle sa mission près de la jeunesse ? Transportons-nous par la pensée, si vous le voulez bien, au n° 174 de la rue Saint-Dominique. Là nous trouvons un passage auquel on a eu l'heureuse idée de donner le nom de Landrieu. Entrons-y, et arrêtons-nous au n° 9. Nous y verrons une grande cour plantée, un hangar pour les jours de pluie ou de soleil torride, un bâtiment composé d'un rez-de-chaussée et d'un étage, puis une autre cour plus petite où se déploient des appareils de gymnastique. C'est le siège et la propriété de la société de Saint-Jean. Elle doit cet immeuble à la générosité de plusieurs bienfaiteurs dont les noms, appelant de reconnaissantes prières, sont gravés sur le marbre dans la chapelle où le Très Saint Sacrement réside. Pénétrons un instant dans ce modeste sanctuaire pour nous recueillir et adorer ; puis regardons les fleurs, les ornements, les candélabres qui le décorent aux jours de fête ; ce sont les dons de la pitié des fidèles ; plus d'un a pris sur son nécessaire pour orner la maison de Dieu.

« La chapelle, la grande salle de réunion

des apprentis et la demeure du portier, voilà le rez-de-chaussée.

« Le premier étage se compose d'une belle pièce destinée à la bibliothèque ainsi qu'aux jeux des jeunes ouvriers, et de quelques petites chambres occupées, les dimanches et fêtes, par les directeurs. Une d'elles l'est constamment par le confrère dont le dévouement s'est entièrement consacré à l'Œuvre.

« Pendant la semaine le silence règne dans la maison. Cependant des protecteurs y viennent recommander des apprentis ; des parents se présentent pour demander le placement de leurs enfants, le soulagement de leurs malades ou la consolation de leurs peines. On y voit aussi des jeunes gens désireux de retremper leur âme dans une fervente prière ou de passer quelques instants de repos et de liberté dans un milieu dont l'affection leur est connue.

« Les dimanches et les jours de fête, tout s'anime. Dès le matin quelques apprentis arrivent, s'emparent des balançoires et commencent les jeux avant la première réunion. Parfois ils apportent des fleurs qu'ils déposent aux pieds de la statue de la sainte Vierge ; ils amènent un camarade nouvellement conquis à l'association ; ou bien ils viennent demander pour quelqu'un des leurs une assistance spirituelle qui ne leur est jamais refusée. A onze heures la cloche sonne, et l'on se hâte d'entrer dans la salle. On fait une courte prière ; les plus zélés récitent l'évangile du jour, déposent sur le bureau des analyses de la petite conférence qui leur a été faite le dimanche précédent ou en présentent le résumé de vive voix. Puis tous écoutent les avis familiers qui leur sont apportés avec une courte histoire. Des jetons de présence, distribués à cet exercice, leur serviront de monnaie pour acheter les divers objets exposés aux ventes périodiquement organisées par l'Œuvre. A midi la chapelle s'ouvre pour la célébration des saints mystères ; le chant des cantiques, que l'orgue accompagne de sa voix harmonieuse, se fait entendre pendant la messe. Une instruction religieuse, les petites vêpres, le salut, des jeux variés, la lecture des livrets occupent les heures de l'après-midi. En été des promenades à la campagne ajoutent à l'attrait des réunions.

« A la nuit les apprentis se retirent : c'est le moment où les jeunes ouvriers, venus des quartiers les plus éloignés, arrivent à la maison. Plusieurs cependant y ont déjà passé la journée, animant les jeux, présidant à divers exercices, donnant un bon conseil à l'un, étouffant chez un autre le germe d'une mauvaise action, réprimant une parole grossière ou un acte brutal. Quelquefois ils trouvent encore le temps de visiter un malade ou d'assister un vieillard infirme.

« Ces jeunes ouvriers s'assemblent dans la salle du premier étage, causent, lisent, jouent, passent leur soirée en récréations agréables, sobrement arrosées de quelques rafraîchissements, et se retirent vers dix heures après la prière du soir faite en commun. Ce précieux corollaire de l'œuvre de Saint-Jean remonte à 1845 et a produit les plus heureux fruits. A Paris, la soirée désœuvrée du dimanche est pleine de péril. La dérober aux mauvaises compagnies et aux divertissements corrupteurs, c'est rendre à la jeunesse un signalé service. Nous pourrions citer bien des persévérances et plusieurs conversions de jeunes ouvriers dues au cordial accueil qu'ils ont rencontré dans nos soirées du dimanche.

« A la date où nous écrivons ces lignes (1856) plus de 600 ouvriers ont ressenti l'action bienfaisante de l'œuvre de Saint-Jean. Plusieurs ont déjà rendu compte au souverain Juge de leur passage sur cette terre. L'association leur a prodigué de tendres soins pendant leur dernière maladie et leur a ménagé l'incomparable bonheur d'une mort chrétienne. Son affectueux intérêt les suit au delà du tombeau ; chaque dimanche, chaque fête, elle prie pour les bienfaiteurs et les associés sortis de ce monde. Quelques anciens enfants de l'Œuvre ont commencé leur tour de France ; nous espérons qu'ils rechercheront et rencontreront dans leurs voyages la bienveillance des Sociétés inspirées par le même esprit que la nôtre. — Un certain nombre de nos apprentis, devenus pères de famille, se rappellent avec joie le temps où ils assistaient exactement à nos réunions et sont heureux d'y revenir encore. — Quelques-uns, entrés au noviciat des Frères des écoles chrétiennes, dont la maison hospitalière abrita si longtemps notre œuvre, distribuent à de nombreux enfants le bienfait de l'éducation chrétienne. — D'autres ont fait les campagnes d'Afrique et de Crimée; et dans les moments les plus difficiles de leur carrière militaire, ils ranimaient leur constance et se consolaient de leurs privations en se rappelant les conseils donnés par l'œuvre de Saint-Jean à leur inexpérience. Tous ont été unanimes à bénir son influence; ceux même qui ont eu le malheur de s'y soustraire pour un temps ont ardemment souhaité de la retrouver aux jours du chômage et de la maladie, de la douleur et de l'abandon. »

Ces aimables pages, dues à la plume de M. de Lambel, disaient beaucoup; mais elles ne pouvaient pas tout dire.

Elles disaient, en particulier, que, trente ans avant la fondation de la grande œuvre sociale à laquelle le nom du comte Albert de Mun est inséparablement attaché, la même œuvre répondant aux mêmes besoins, inspirée par la même pensée, avait été réalisée à Saint-Jean et que là était né, un peu après le premier patronage, le premier cercle catholique d'ouvriers.

Elles ne *pouvaient* pas dire les développements nouveaux que la fondation de mademoiselle de Camelin allait recevoir pendant la seconde moitié du dix-neuvième siècle : développement numérique qui porterait de 100 à 225 le nombre des patronnés annuels, — développements économiques par l'institution d'une caisse d'épargne et d'une caisse de loyers, — développements charitables et religieux par la fondation d'une Conférence de Saint-Vincent de Paul qui associe les patronnés à l'exercice de la charité chrétienne ; par l'établissement d'une maison de famille qui reçoit comme pensionnaires vingt jeunes ouvriers isolés dans Paris ; par les retraites pascales annuelles ; par les congrégations diverses entre lesquelles les membres de l'Œuvre sont répartis suivant leur âge ; par l'affiliation à l'archiconfrérie de Notre-Dame-des-Victoires ; par les pèlerinages et par l'adoration nocturne qui réunit périodiquement d'heure en heure au pied du Très Saint Sacrement les plus zélés des ouvriers et des apprentis, — développements professionnels et intellectuels par les expositions industrielles composées exclusivement d'ouvrages dus aux membres de l'œuvre, par l'ouverture d'une école secondaire moderne et par les conférences scientifiques, littéraires, historiques, sociales,

que des maîtres compétents, quelques-uns
illustres, se font un honneur de donner au jeune
auditoire, — développements patriotiques par la
création d'une belle œuvre militaire qui devait
prolonger sa bienfaisante influence sur l'esprit
et les mœurs de nos jeunes soldats jusqu'au jour
où la franc-maçonnerie régnante en décréta la
fermeture. Tout cela, lorsque ces pages furent
écrites, appartenait encore à l'avenir.

Et ce qu'elles ne *voulaient* pas dire, c'était la
part tout à fait principale qui revenait à leur
auteur dans le bien qui se faisait ou se préparait
à Saint-Jean. Secondé, pendant les trente premières années, par son saint ami M. Féburier (1), privé de ce précieux concours pendant
une seconde période encore plus longue, il en fut
la providence visible, providence infatigable qui
ne reculait devant aucun labeur, providence maternelle qui enchaînait tous ces jeunes cœurs
par les liens de l'amour. Quand il était à Paris,
il y allait avec l'exactitude d'un employé à son
bureau, pour répondre à toutes les demandes,
suivant ses chers apprentis à l'atelier et dans
leurs familles qu'il connaissait et visitait
toutes. Le dimanche, il était toujours là, se dé-
pensant tout entier pour eux ; c'était lui qui faisait la petite conférence et racontait l'histoire

____

(1) Voir la note B à la fin du chapitre.

impatiemment attendue. « Qui de nous », écrit un de ses collaborateurs, « ne le revoit dans ces matinées dominicales, ne se lassant pas, après plus de cinquante ans, de tenir assidûment sa séance de catéchisme et d'Évangile, interrogeant sur le texte, le commentant, y ajoutant des traits, prenant des notes, récompensant ceux qui lui apportaient leur résumé? La difficulté quelquefois était grande, le jeune Parisien est si remuant et si volage! Rien pourtant ne le rebutait, et il se souvenait encore, après bien des années, des bonnes volontés qu'il avait rencontrées (1). » Lorsqu'il quittait Paris pour Fléville, il continuait de loin à se tenir au courant de tout et à tout diriger par ses conseils. Il voulait qu'on lui envoyât de fréquents rapports; il s'enquérait individuellement des enfants et des jeunes gens, prêt à leur écrire lui-même s'il y avait quelque conseil à leur donner ou quelque péril qu'un mot de lui pût les aider à éviter. Et quand il revenait, c'était une fête pour tous ces jeunes cœurs comme pour des fils auxquels manque le meilleur de leur vie quand le père n'est pas là.

Et cela dura toujours. Plus qu'octogénaire, très courbé, marchant difficilement, on le ren-

(1) Extrait du *Messager de Saint-Jean*, modeste et utile revue mensuelle que M. de Lambel fonda en 1893 pour associer à la vie intérieure et au progrès de l'Œuvre tous ceux qui en font partie comme membres ou comme souscripteurs.

contrait encore dans la rue Saint-Dominique, et la direction qu'il suivait laissait deviner qu'il allait à Saint-Jean. D'une voix affaiblie et que les fines oreilles de ses chers apprentis pouvaient seules bien entendre, il leur parlait encore. Les mots se suivaient plus lentement et avec plus d'hésitation ; les histoires n'étaient plus ce qu'elles avaient été ; la douce gaieté et la spirituelle bonhomie d'autrefois étaient un peu voilées par l'âge et surtout par la tristesse d'un deuil inconsolable ; et sur ses lèvres, comme sur celles du disciple bien-aimé, le mot que toute sa vie avait prêché : *filioli, diligite invicem,* — *mes petits enfants, aimez-vous les uns les autres,* gardait toujours la même éloquence.

Note A (p. 35). — *Les Conférences de Sainte Valère.*

Les Conférences de Sainte Valère sont très dignes du succès qu'elles obtinrent, et méritent encore de figurer en bon rang dans les bibliothèques de piété et de morale. Il est sans doute facile d'y relever les inévitables imperfections de tout livre composé de discours qu'un auditeur a recueillis et que l'auteur n'a pas révisés : des redites qu'il eût supprimées, des vides qu'il eût remplis, des considérations un peu superficielles qu'il eût approfondies, des réflexions vagues ou banales auxquelles il eût donné plus de relief ou de portée, une forme qu'il eût retravaillée avant de confier son manuscrit à l'imprimeur. Mais tels que nous les avons, ces prônes et sermons sont un excellent cours d'instructions sur les devoirs de la vie chrétienne, un très beau spécimen de ce que peut être, de ce que doit être la parole de Dieu sur les lèvres d'un curé qui, connaissant les âmes de ses paroissiens, leurs misères, leurs besoins, leurs bonnes volontés aussi, veut avec persévérance leur progrès moral et spirituel. Chez l'abbé Landrieu cette parole est simple, familière, paternelle, disposée à tenir compte de toutes les nécessités qui résultent des temps et des milieux, mais non moins résolue à ne pas diminuer la vérité et le devoir. Ces conférences sont d'abord un exposé très clair, ni exagéré, ni affaibli, de la loi évangélique, de ce qu'elle prescrit impérativement, de ce qu'elle conseille avec instance à quiconque veut avancer dans la vertu et dans la piété. Elles se continuent par un examen de conscience qui porte la lumière, avec une perspicacité impitoyable, sur la vie de la plupart des chrétiens et compare avec une sincérité absolue ce que nous sommes à ce que nous devrions être. Et elles s'achèvent par les plus sages conseils et par les exhortations les plus paternelles à mettre cette vie d'accord avec cette loi dans le détail et dans l'ensemble de la conduite.

Ajoutons qu'au point de vue historique, les Conférences sont un document de la plus haute importance sur l'état religieux des classes dirigeantes vers 1830. Le fait général qui se dégage de leur lecture, c'est que les *hommes* d'alors, même dans les rangs les plus élevés, même dans les milieux les plus conservateurs, étaient, en immense majorité, étrangers à toute vie et à toute idée religieuse. L'excellent curé, s'adressant principalement aux dames qui formaient la plus nombreuse partie de son auditoire, leur parle couramment comme à des femmes dont les maris sont ou systématiquement incrédules, ou pratiquement indifférents.

A quoi tenait cette situation lamentable dont beaucoup de mères, d'épouses et de filles chrétiennes prenaient trop aisément leur parti comme d'un fait irrémédiable et d'un état presque normal ? En partie au prolongement de l'impiété du dix-huitième siècle qui avait fait de si funestes conquêtes dans la bourgeoisie et l'aristocratie françaises, — mais plus encore au monopole universitaire sous l'empire duquel presque toute notre jeunesse était élevée dans les collèges de l'État, d'où elle sortait également ignorante et incroyante en matière religieuse.

La liberté de l'enseignement secondaire, on peut le dire, a créé parmi nous le groupe imposant des jeunes gens et des chefs de famille catholiques qui, avant elle, n'étaient que des individualités isolées et clairsemées. L'immensité du service qu'elle a rendu montre assez l'immensité du péril qui nous menace si elle achève de disparaître.

NOTE B (p. 50). — *M. et M*^{me} *Féburier.*

C'est avec une pieuse émotion que je rencontre ici, inséparablement lié à l'histoire de l'Œuvre de Saint-Jean et de son fondateur, le nom aimable et vénéré de M. Féburier. C'est sous sa direction que je fis, de 1843 à 1847, mes premiers pas dans la Société de Saint-Vincent de Paul où il était le président modèle d'une conférence modèle, la conférence de Saint-Germain-des-Prés. Depuis cette dernière date, je ne revis ni lui, ni la sainte madame Féburier qui, tous deux, avaient été pour moi de la plus exquise bonté ; et j'acquitte, en les mentionnant aujourd'hui, un très doux devoir de reconnaissance.

Trente-deux ans plus tard, le rapport annuel de la Conférence de Sainte-Clotilde (qui avait pour président

le comte de Lambel) leur consacrait cette page intéressante et touchante.

« Notre voisine, la Conférence de Saint-Germain-des-
Prés, célébrait tout récemment le cinquantenaire de sa
fondation en réunissant dans une affectueuse confrater-
nité visiteurs et visités pour rendre grâce à Dieu. A la
séance solennelle qui suivit, le rapporteur retraça l'intéressante histoire de ce demi-siècle et rappela, entre
autres, plusieurs traits admirables de la charité de M. Féburier qui présida si longtemps cette Conférence. Cette
vie si édifiante nous touche de très près en ce que M. Féburier étendait son action bienfaisante jusque dans
notre quartier du Gros-Caillou. Il prit une large part à
la fondation de l'Œuvre de Saint-Jean, et pendant plus
de trente ans ne laissa pas se passer un dimanche de
ses séjours à Paris sans venir au patronage voir nos
enfants et leur conter de belles histoires. Il fallut les
pressantes instances du Président général, M. Gossin,
pour lui faire accepter la direction de sa Conférence ; et
rien n'est plus touchant que la correspondance échan-
gée à cette occasion entre ces deux fervents chrétiens.
Une fois investi de ces fonctions, M. Féburier s'en acquitta avec un zèle, une charité et un succès dont tous
les survivants se souviennent encore, s'attachant spécialement aux jeunes gens qu'attirait le charme de son
caractère, et travaillant à former en eux le véritable
esprit de saint Vincent de Paul.

« Notre saint confrère passait souvent ses hivers à
Rome où le grand pontife Pie IX le comblait de bénédictions. Il y fit un bien considérable avec un zèle et une
humilité qui ne se démentirent jamais. C'est à lui et à
sa pieuse compagne que les Petites Sœurs des pauvres
durent l'église de leur maison mère à la Tour-Saint-
Joseph. Et ce fut le couronnement de cette belle vie ;

peu de temps après qu'elle fut construite, Dieu l'admit à la récompense éternelle après une courte maladie. Ses restes mortels reposent dans le caveau de cette église. Après avoir présidé aux dernières cérémonies, madame Féburier prit elle-même l'habit de la congrégation. Depuis ce jour, c'est-à-dire depuis dix ans, la sainte femme se dévoue aux malades et aux vieillards, n'acceptant, malgré la délicatesse de sa santé, aucun adoucissement à la règle, présidant à la fondation de la première maison établie à Rome, quêtant dans les rues de cette ville où tous la vénèrent, allant même mendier pour ses chers vieillards à la porte de l'hôtel de la Minerve dans lequel elle occupait jadis un des appartements les plus confortables. » (*Rapport présenté par le comte de Bizemont, lieutenant de vaisseau*, neveu de M. de Lambel.)

CHAPITRE IV

Une croisade charitable et sociale.
Le vicomte Armand de Melun.

A peu près à l'époque où se fondait l'œuvre de
Saint-Jean, une amitié entrait dans la vie
d'Alexandre de Lambel, qui devait y tenir une
place très importante et très belle.

Il eut beaucoup d'amis pendant sa longue carrière, faisant mentir ce vers d'un poète qui décrit
l'amitié comme un

> Cercle qui se déforme en s'étendant trop loin.

Et ses amitiés n'eurent jamais rien de banal
parce qu'il se donnait tout de bon et pour toujours quand il se donnait. Si son immense charité chrétienne s'étendait d'elle-même à tous les
hommes, plus aisément encore sa sympathie de
choix s'attachaït à ceux en qui il reconnaissait

des âmes sœurs de la sienne, à ceux qui, concevant comme lui la vie humaine avec ses devoirs et son but, avec les seules vraies joies qui lui donnent du prix, lui étaient d'avance des frères et des compagnons d'armes.

Mais presque toujours il y a des degrés parmi ces privilégiés ; et souvent entre tant d'égaux il y a un *primus inter pares*, un à qui, sans faire tort aux autres, le premier rang appartient par des affinités plus intimes et par un unisson plus parfait. Pour Alexandre de Lambel ce *primus* fut le vicomte Armand de Melun.

La vie de cet « homme de bien » a été écrite dans un beau livre qui restera comme un document important de l'histoire des grandes âmes bienfaisantes du dix-neuvième siècle (1). Le nom de M. de Lambel y revient plus d'une fois, — discrètement de peur d'offenser l'humilité ombrageuse de l'ami qui vivait encore, assez cependant pour qu'on pût deviner combien cette amitié avait été salutaire à l'un comme à l'autre. Aujourd'hui nous sommes tenus à moins de réserve, et nous pouvons faire plus librement la part de chacun d'eux dans leur collaboration féconde.

Il nous eût été précieux de savoir comment cette incomparable amitié prit naissance. Les

____

(1) *Le vicomte Armand de Melun*, par Mgr Baunard, recteur de l'Université catholique de Lille.

documents que nous avons pu recueillir ne remontent pas si haut et ne nous la montrent qu'à l'état adulte, Alexandre ayant vingt-quatre ans et Armand trente-deux.

Armand était dans la pleine maturité de son riche et brillant esprit, de sa culture intellectuelle qui s'étendait à tous les problèmes historiques, philosophiques, religieux, sociaux avec une curiosité inlassable, de sa générosité d'âme qui lui avait fait préférer à toutes les carrières la liberté de se consacrer au bien de ses semblables. Il avait des vues générales et hautes sur la fonction sociale de ce qu'on a appelé depuis les classes dirigeantes. Il avait vécu dans l'intimité de tout ce qui se rencontrait de plus distingué par l'esprit et le caractère dans la haute société parisienne. Au service des idées qui lui étaient chères il avait une plume rapide, éloquente et charmante qui devait faire de ses moindres lettres un « régal pour les délicats ».

Ajoutons que sa foi avait traversé pendant plusieurs années une crise des plus redoutables où les pieuses traditions de sa famille et de son éducation première s'étaient trouvées en conflit avec une partie de l'enseignement universitaire qu'il avait reçu, plus tard avec le bouillonnement confus des idées qui s'agitaient vers 1830 dans tous les milieux intellectuels et qui, se contredisant en tout le reste, s'accordaient à reléguer toute croyance religieuse précise parmi les illusions du passé. Il y avait eu là une période tragique dont le douloureux détail forme un des plus intéressants chapitres du livre de Mgr Baunard, une période où il y avait peut-être eu des instants de naufrage, certainement de longs jours de doute et de ténèbres.

Il était enfin sorti victorieux de l'épreuve. Et, chose admirable, la même grâce qui l'avait définitivement rendu à la foi l'avait, définitivement aussi, conquis à la charité comme au meilleur emploi de sa vie. « Ce fut alors, écrit-il, que m'apparut, comme conséquence logique de mes réflexions, la conviction que Dieu a donné à chaque homme le devoir de collaborer à son œuvre divine et d'achever de la sorte la création spirituelle, comme, par un autre travail, l'homme a le devoir d'achever la création matérielle... Or, à cette même époque, une phalange pacifique s'était mise, dans le silence et dans l'humilité, à travailler à l'œuvre du rapprochement de l'Église et des peuples. C'était à l'exercice de la charité par le dévouement personnel que ces chrétiens demandaient le retour à la foi et la conversion des cœurs. C'était en visitant les pauvres, en soulageant les malades, en patronnant les enfants qu'ils espéraient dissiper les préventions qui éloignent de Dieu les classes populaires. La Société de Saint-Vincent-de-Paul venait de naître, et une multitude d'œuvres greffées sur celle-là se partageaient déjà toutes les misères du pauvre. C'est sur ce terrain que la Providence m'attendait ou plutôt qu'elle daigna m'appeler (1). »

Il n'avait plus besoin d'être affermi dans sa foi. Mais il avait besoin d'être soutenu et guidé dans sa vocation nouvelle. Ce ministère fut rempli d'abord par deux femmes éminentes, une grande dame et une humble fille de la Charité, madame Swetchine et la sœur Rosalie dont il devait plus tard écrire lui-même la vie héroïque. Madame Swetchine lui fut surtout une mère, une mère de son âme, appliquée à tourner de plus en plus vers Dieu les pensées de sa haute intelligence et à surnaturaliser son noble attrait pour toutes les œuvres de bienfaisance. La sœur Rosalie lui fut un précepteur. « Personne, écrit-il, ne m'a enseigné avec autant de simplicité et de profondeur la science délicate de parler aux malheureux le langage qu'ils ont besoin d'entendre, de panser une blessure sans la faire saigner, d'être indulgent sans faiblesse et ferme sans rigueur (2). »

Il restait une place à prendre à côté des entretiens de madame Swetchine et des leçons pratiques de sœur Rosalie, la place d'un collaborateur fraternel avec lequel il pût se rencontrer constamment sur le terrain des œuvres chari-

_____

(1) *Le vicomte Armand de Melun*, p. 75 et 80.
(2) *Id.*, p. 124.

tables, dans un contact d'âme à âme où tout serait mis en commun, où la division du travail serait au service de l'unité du but poursuivi, où, grâce à la diversité des aptitudes et des allures, on pourrait se compléter l'un l'autre et profiter l'un de l'autre.

Armand de Melun trouva dans Alexandre de Lambel ce collaborateur fraternel, providentiellement rencontré « dès ses premiers pas dans la carrière des œuvres (1). » La première lettre de sa longue correspondance avec lui nous en apporte le témoignage en termes touchants qui peignent à la fois le signataire et le destinataire. « Merci mille fois de toutes les nouvelles que vous me donnez, et de toutes les assurances de votre amitié qui m'est si précieuse ; elle s'appuie sur une base qui ne passe pas, car votre souvenir est tellement associé aux efforts que je fais pour arriver à un peu de bien qu'il m'est impossible de penser un instant à nos pauvres et à nos enfants sans vous trouver là pour veiller sur eux. Je ne m'inquiète plus de les quitter, en sachant leurs intérêts entre vos mains ; et la certitude d'une assistance comme la vôtre me donnera toujours le courage de commencer et d'entreprendre même au-dessus de mes forces, persuadé que votre charité saura compléter mes ébauches et

____

(1) *Le vicomte Armand de Melun*, p. 156.

ajouter à mes essais. Aussi dans mes projets d'amélioration pour *la Miséricorde* et pour les *Amis de l'enfance* je compte toujours sur vous pour ce qui demande plus de zèle et de dévouement; et dans la distribution des travaux je vous réserve la part la plus difficile. » (31 juillet 1839.)

L'intérêt de cette page n'est pas seulement dans la haute idée qu'elle donne d'une amitié si virile, si tendre, si généreuse par la pensée de dévouement qui en forme le lien. Il est aussi dans le tableau qu'elle fait, presque sans le vouloir, de la distribution des tâches entre les deux associés. Visiblement Alexandre, dès le début de l'association, a voulu prendre vis-à-vis d'Armand la position subordonnée d'un lieutenant et d'un auxiliaire. Elle convenait à son humilité qui n'acceptait les premiers rangs que quand ils lui étaient imposés et qu'il le fallait absolument pour le succès d'une entreprise. Et elle ne convenait pas moins à la juste admiration qu'il avait conçue pour l'esprit organisateur de son ami, pour la largeur de ses vues et la supériorité de son intelligence. Mais visiblement aussi Alexandre, avec son absolu détachement de lui-même, avec l'infatigable activité qui le rend propre à tout travail, avec son ardent amour de Dieu et des âmes, avec son « intelligence du pauvre » et son don des paroles qui trouvent le chemin de son cœur, est déjà pour Armand un modèle et un maître en même temps qu'un collaborateur. On devine que la douce influence de l'un, son exemple surtout, feront de plus en plus pénétrer dans les œuvres et dans l'âme de l'autre l'esprit surnaturel dont il est lui-même animé dans tout le détail de sa vie et de son action charitable.

C'était de ce côté qu'Armand avait quelque chose à gagner, quelque chose dont Alexandre avait en lui-même un inépuisable trésor, quelque chose dont madame Swetchine souhaitait qu'il s'enrichît de plus en plus, et dont elle lui parlait un jour en cette page admirable : « Outre la foi religieuse, outre la charité, il y a un élément auquel il faut faire place, un élément qui n'est ni la foi raisonnée, ni la charité extérieure, mais le foyer des deux autres : LA PIÉTÉ qui rend Dieu sensible au cœur. Il y a aussi du temps, des soins, de l'ardeur à donner au développement de cette faculté aimante qui a, comme les autres, ses divers degrés de croissance, ses phases, son expression. Croire par l'intelligence, c'est rendre un culte à Dieu. Soulager les pauvres, c'est le servir dans ses membres. L'aimer comme il veut l'être, c'est s'unir à lui en employant les moyens établis par sa miséricorde. Plus l'intelligence s'élève, plus il est nécessaire que la piété lui serve de lest et de contrepoids. Pourquoi tant de sublimes esprits se sont-ils égarés ? C'est qu'ils

n'aimaient pas. L'amour les eût gardés... Il en
est de même de l'action charitable. Le propre de
l'action est de diviser et de disperser l'attention.
Pour la recueillir il faut la retremper à ce foyer.
... Je voudrais donc que vous lussiez quelques
livres des grands maîtres de la vie spirituelle qui
vous feront pénétrer dans les adorables mystères
de la conduite de Dieu sur les âmes. Vous n'avez
pas grand'chose à secouer du vieil homme, mais
c'est le nouveau qu'il s'agit de faire naître et de
mener à bien. »

Le commerce d'Alexandre fut pour Armand un
de ces livres dont sa très perspicace conseillère
lui recommandait la lecture. L'accent des lettres
que celui-ci écrivait périodiquement à celui-là
pendant les mois annuels de leur séparation en
laisse l'impression très vivante et très touchante.
Elles le tiennent au courant de tout ce qu'il fait ;
elles le consultent sur tout ce qu'il veut faire ;
elles s'enquièrent avec une sollicitude fraternelle
des œuvres urbaines et rurales que, de son côté,
son ami accomplit en Lorraine. Mais elles font
tout cela avec un sentiment presque religieux de
tendre déférence, telle qu'on peut l'éprouver pour
une âme qu'on sent très avancée dans les voies
du divin amour et qu'on a l'ambition de suivre
en s'échauffant à sa flamme. Par une réserve qui
se laisse assez comprendre, il s'abstient de le lui
dire en propres termes ; mais on le lit entre ses

4.

lignes, et parfois l'aveu lui en échappe, par exemple dans ce passage d'une lettre du 4 juin 1842, lorsque leur amitié en était encore à ses premières années : « Je bénis la grâce divine qui m'a fait rencontrer sur la route une amitié comme la vôtre pour tempérer par la prudence et la piété ce qu'il y a en moi de téméraire. Pardon de cette confession ; avec vous je pense tout haut. »

Faisons maintenant quelques pas avec eux sur le terrain de leurs œuvres communes. Et n'oublions pas qu'au moment où leur collaboration commence, Alexandre de Lambel consacre déjà une part de son temps, une part large et intangible, à la Société de Saint-Vincent-de-Paul et à son cher patronage de Saint-Jean. Entrevoyons aussi la place grandissante que les choses lorraines, auxquelles nous reviendrons plus loin, vont tenir dans sa vie. Et nous serons presque effrayés de la liste, — et encore une liste incomplète, — de celles qui vont passer sous nos yeux. Nous reconnaîtrons, en les prenant une à une, que toutes sont sérieuses, utiles, nécessaires, qu'aucune ne fait double emploi avec aucune. Mais nous nous demanderons avec quelque inquiétude s'il y pourra suffire et si son activité, que nous avons vue si féconde dans sa concentration primitive, ne va pas perdre un peu à se tant disperser.

Nous pouvons nous rassurer. Je ne crois pas
que M. de Lambel ait jamais promis son concours à une œuvre quelconque avant de s'être
assuré qu'il pourrait le donner sans nuire en rien
à celles auxquelles il s'était déjà associé. Comment y réussit-il? C'est un secret que nous ne cherchons pas encore à pénétrer. Mais il est certain
qu'il y réussit et qu'aucune des tâches charitables
entre lesquelles il se partagea n'eut à regretter
qu'il eût pris pour lui le conseil que madame
Swetchine, avec une vaillance presque téméraire,
donnait un jour à son ami : « Cumulez! cumulez
le plus d'œuvres possibles. Ne repoussez jamais
rien, et vous suffirez à tout. Il n'est pas claire-
ment démontré que nous fassions assez bien une
œuvre unique pour que nous refusions de nous
mêler à toutes celles qui se présentent en venant
nous chercher. »

La première de ces œuvres communes fut la
Société des Amis de l'Enfance, dont l'objet était
et est encore de placer de jeunes orphelins à
l'école, puis en apprentissage, de les entretenir,
de les surveiller chez le patron et de sauver ainsi
leur foi et leurs mœurs. Fondée en 1828 par un
pauvre petit libraire du quai des Augustins,
M. de Melun en prit la direction en 1838 et y associa sur-le-champ son ami. Elle poursuivait le
même but que le patronage de Saint-Jean ; mais
elle était à la fois plus étendue et moins com-

plète, — plus étendue, car dans le groupe toujours trop vaste des orphelins pauvres, elle n'avait pas de limite numérique à son action, mais pouvait en adopter autant que le lui permettraient ses ressources en argent et en hommes ; — moins complète parce qu'il lui manquait cette précieuse *journée du dimanche* qui, à Saint-Jean, était le grand moyen de préservation et d'éducation chrétienne. La première lettre de M. de Melun à son ami nous a déjà montré que celui-ci y fut pour celui-là non un auxiliaire quelconque mais un premier lieutenant et comme un autre lui-même.

Sous leur action double et une l'œuvre qui, en dix ans, s'était peu développée fit de rapides progrès. L'accroissement considérable de ses souscriptions annuelles permit d'augmenter le nombre de ses orphelins. Une de ces heureuses rencontres qui abondent dans l'histoire de la charité chrétienne associa les *Amis de l'Enfance* à une œuvre similaire fondée sous le vocable de Saint-Nicolas par le vénérable abbé de Bervenger, laquelle se débattait alors contre d'inextricables difficultés financières. Celle-ci était un pensionnat d'orphelins et d'enfants d'ouvriers qui, si on parvenait à lui assurer des ressources, pourrait faire un bien immense parmi les classes laborieuses. L'œuvre des *Amis de l'Enfance*, en s'alliant avec elle, la sauva et trouva en elle le meilleur des asiles pour ses propres orphelins.

Trente ans plus tard Saint-Nicolas abritait dans
ses deux maisons de Paris et dans sa maison
d'Igny 2.310 apprentis et leur donnait, avec une
instruction professionnelle de la plus haute valeur, la plus solide éducation morale et religieuse. La propriété et la direction en avaient été
transmises aux Frères des écoles chrétiennes, et
ces incomparables maîtres en avaient fait des
maisons de premier ordre.

Dans l'œuvre que nous nommons ensuite, les
rôles sont intervertis, et l'action principale, ainsi
que son ami l'explique, appartient à M. de Lambel. « Fondée au dix-septième siècle, par saint
Vincent de Paul, *l'œuvre des pauvres malades*
avait, comme tant d'autres, sombré dans le naufrage de la Révolution. Après 1830, une pieuse
chrétienne, madame Levavasseur, femme d'un
avocat général à la cour de Paris révoqué par le
gouvernement de Juillet, entreprit de la relever.
Elle eut pour principal soutien le P. Etienne,
supérieur des Lazaristes, *et pour agent dévoué*
M. de Lambel auquel je m'adjoignis quelquefois.
Que de courses! Que de réunions pour cette résurrection! A force de visites aux curés de Paris,
à force d'instances auprès des Sœurs de chaque
quartier, madame Levavasseur parvint à doter de
cette association un grand nombre de paroisses.
C'est en 1840 qu'elle fut reconstituée sur cette

large base. Aller trouver le malade pauvre dans sa propre maison, s'asseoir à son chevet, lui apporter du bouillon, lui sucrer sa tisane, surtout lui parler de Dieu, de ce qu'il doit à Dieu, et de ce qu'il peut attendre de Lui, tel est l'objet de l'œuvre. Ainsi la dame du monde se fait l'auxiliatrice de la sœur de Charité dans l'assistance corporelle et spirituelle des malades ; et même il arrive parfois que, portant moins d'ombrage sous son habit séculier, elle parvient à obtenir ce que la sœur n'eût pas osé solliciter. »

L'œuvre de *la Miséricorde* à propos de laquelle M. de Melun, en 1839, écrivait à son ami : *je compte toujours sur vous pour ce qui demande plus de zèle et plus de dévouement, et c'est à vous que je réserve la part la plus difficile*, est une œuvre d'assistance aux pauvres honteux, c'est-à-dire à ceux qui, tombés d'une situation élevée, dissimulent leur misère avec une fierté ombrageuse et dont il faut pour ainsi dire forcer la porte pour les préserver de la faim et du désespoir. Œuvre touchante et délicate qui exige beaucoup de discrétion et d'adresse dans la recherche de ces plaies cachées, beaucoup de tact et surtout de tendresse dans l'art de les panser et de les guérir, beaucoup de persévérance pour arriver du soulagement momentané au relèvement définitif; mais aussi beaucoup de clairvoyance pour ne pas

se laisser tromper par d'habiles contrefaçons qui
trop souvent détournent l'assistance des vrais
pauvres qui la méritent vers de faux pauvres qui
ne sont que des aventuriers sans scrupule. La
difficulté est que ces qualités également nécessaires semblent parfois s'exclure. Les bons
cœurs, facilement émus par le contraste tragique de la ruine succédant à l'opulence, sont
sujets à se laisser duper par les larmes feintes
des escrocs habiles. Les esprits pénétrants et qui
ne se laissent pas tromper deux fois arrivent
bientôt, s'ils n'y prennent garde, à une sorte de
scepticisme où ils perdront la faculté de s'atten-
drir. Mais qu'y faire? Le divin Maître a bien
connu la difficulté ; et il jugeait que sa grâce suffirait à nous mettre en état de la résoudre lorsqu'il recommandait à ses disciples d'être à la fois
*prudents comme des serpents et simples comme
des colombes.* Et lorsqu'il est impossible de
maintenir en parfait équilibre cette prudence et
cette simplicité, tout l'esprit de son Évangile
nous crie assez de quel côté doit pencher la ba-
lance. « Ma Philothée, disait saint François de
Sales, je donnerais dix serpents pour une co-
lombe. »

Sur ce point comme sur tant d'autres, M. de
Lambel était de l'école de saint François de Sales.
Ne le prenez pas pour un de ces myopes qui ne
voient pas plus loin que ce qu'on leur dit et dont la

bourse est une proie facile pour quiconque sait inventer une histoire pathétique. La pratique des œuvres charitables lui avait trop bien montré la nécessité de l'enquête et du contrôle pour qu'il s'en dispensât et crût les gens sur parole, surtout lorsqu'il s'agissait des situations exceptionnelles auxquelles s'adresse l'Œuvre de la Miséricorde. Mais prenez-le encore moins pour un de ces enquêteurs impitoyables qui commencent par se donner vis-à-vis de toute misère, comme vis-à-vis d'un accusé, une attitude de ministère public, toujours prêts à lui dire, jusqu'à preuve absolue du contraire : *c'est votre faute*, et souvent tentés d'ajouter : *c'est bien fait*. Si sa fréquentation assidue des classes pauvres lui avait montré chez elles beaucoup d'ingratitude et de vices grossiers, elle lui avait offert aussi plus d'une occasion d'admirer, chez ces membres souffrants de Jésus-Christ, ce que la résignation, la générosité de l'âme, la délicatesse du cœur, l'oubli de soi pour autrui ont de plus noble. Il savait d'ailleurs quelles excuses et quelles circonstances atténuantes leurs défaillances trouvent dans leur ignorance, dans leurs entraînements, dans les dures conditions d'une vie toujours courbée vers la matière. Et il ne croyait pas que les fautes du pauvre dispensent le riche de la charité, pas plus que les plaies du malade ne dispensent le médecin de tout effort pour les

guérir. Le fond de son âme était la compassion.
Sa grande foi chrétienne y avait ajouté le respect
religieux de la souffrance. Et, quand il s'agissait
des douleurs morales et physiques que l'Œuvre
de la Miséricorde découvre pour les soulager, ce
respect savait s'entourer de toutes les délicatesses
qui finissent par avoir raison des fiertés les plus
sauvages.

Tel il était, prenant les précautions que la
sagesse commande pour que les secours dont il
était le distributeur et ceux qu'il y ajoutait sur
son budget personnel s'adressassent le mieux
possible, mais aimant mieux se laisser tromper
quelquefois que passer une seule fois à côté d'une
vraie misère sans tout essayer pour la relever (1).

(1) Parmi les œuvres communes aux deux amis, il faut en mentionner encore une, inspirée par le même esprit, mais très différente par la nature de ses travaux, la *Société d'économie charitable*,
œuvre non plus d'action, mais d'études conduisant à l'action. Elle
réunissait périodiquement un groupe, important par le nombre,
plus important encore par la qualité, de *sociologues*, comme on dirait
aujourd'hui, mais de sociologues chrétiens qui travaillaient ensemble à résoudre la *question sociale* en faisant pénétrer dans toute la
législation du travail et de l'assistance la pensée chrétienne et charitable. Elle fut surtout florissante pendant la durée du second
Empire. Elle eut pour organe officiel une excellente revue mensuelle, *la Revue d'Economie charitable* (appelée plus tard *le Contemporain*) dont la lecture offre encore aujourd'hui le plus sérieux intérêt. M. de Melun en était l'âme. M. de Lambel prit part
à ses travaux, présida souvent ses séances et lui offrit longtemps l'hospitalité de son salon. Il semble même en avoir été en
quelque façon l'inspirateur; son ami, en effet, lui écrivait en
1846 : « Plus je réfléchis à *votre idée* sur la Conférence d'Econo-

Son immense correspondance avec tout ce que
Paris contenait alors de véritables amis des pauvres est marquée de cet esprit. On ne s'étonnera
pas que plusieurs très grandes dames chrétiennes
l'aient choisi pour leur premier aumônier, le
chargeant de distribuer, avec le discernement
qu'elles lui connaissaient, les secours que l'âge
ou la maladie ne leur permettaient pas de porter
elles-mêmes à domicile. Elles savaient que leur
jeune fondé de pouvoirs avait une manière de
donner qui doublerait le prix du don; et elles
savaient aussi qu'en soulageant les corps en leur
nom, il travaillerait en même temps à la conquête
des âmes.

Leur nombre fut trop grand pour qu'on les
nomme toutes; et c'est dans la suite de cette
étude que quelques-unes trouveront leur place.
Une d'entre elles cependant doit nous arrêter
dès maintenant à cause de la parfaite et touchante intimité, maternelle d'un côté, filiale de
l'autre, qui régna entre eux jusqu'à sa mort : l'aimable et vénérable comtesse de Gontaut, Adèle
de Rohan-Chabot, fille du duc et d'Elisabeth de
Montmorency, née à Bruxelles en 1793, mariée
en 1812 au comte de Gontaut-Biron, morte dans
un âge très avancé.

mie charitable, plus je l'adopte. J'y trouve la seule réalisation
pratique de ce que nous cherchons ensemble depuis si longtemps. »

Armand de Melun a écrit sur elle, peu de temps après sa mort, quelques pages exquises qui sont le plus fidèle des portraits et que nous voudrions pouvoir reproduire tout entières, tant le parfum qui s'en exhale est pur, et tant l'impression qui en reste est bienfaisante. Elle fut le modèle des épouses, des mères et des grand'-mères. Et elle fut en même temps, pendant toute sa vie, une incomparable apôtre de la charité évangélique, n'usant de l'autorité douce qu'elle exerçait dans le monde et de la respectueuse sympathie qui naissait partout sous ses pas, que pour intéresser à toutes les misères et associer à toutes les bonnes œuvres les heureux de ce monde, pratiquant elle-même avec une activité inlassable, malgré les défaillances d'une santé toujours frêle, toutes les formes de l'assistance et de la miséricorde, visant toujours les âmes à travers les corps, ne négligeant jamais une occasion de semer la bonne parole dans le cœur d'un enfant, de l'ouvrier qui par hasard travaillait chez elle, du cocher de fiacre qui la conduisait dans ses courses, plus heureuse, plus chez elle dans les mansardes que dans les salons, ayant d'irrésistibles secrets pour ouvrir les cœurs, — et très profondément persuadée, pendant tout le cours d'une carrière qui fut une longue traînée de lumière et de bienfaits, qu'elle était une ouvrière inutile.

Il était impossible qu'une telle servante de

Dieu et une telle amie des pauvres rencontrât sur son chemin le jeune vicomte de Lambel sans le *reconnaître* du premier coup, et sans deviner en lui le plus précieux des auxiliaires. Elle ne le connaissait pas d'enfance ; et je me figure que leur première rencontre eut lieu dans quelque réduit. En tout cas, la première des deux cents lettres qu'il conserva d'elle est relative à une œuvre de charité à laquelle ils travaillaient ensemble. Elle n'est pas datée, mais appartient probablement à la période qui a pour point culminant la fondation de l'œuvre de Saint-Jean, et elle suppose une collaboration charitable bien établie. Elle est déjà très affectueusement confiante ; mais elle s'en tient encore au « Monsieur » officiel. En 1842, c'est « mon cher voisin. » En 1844, c'est « mon cher vicomte », et bientôt : « mon cher Alexandre. » Ensuite la correspondance ne s'interrompt plus, toujours sur le même terrain de la charité, mais de plus en plus intime et, de la part de madame de Gontaut, avec une nuance de tendre gratitude pour un dévouement volontaire sur lequel elle sent qu'elle peut s'appuyer sans jamais craindre d'être à charge. Ces lettres sont souvent « des lettres spirituelles » en même temps que des lettres d'affaires charitables. La pieuse comtesse ouvre son âme avec l'humble sentiment de ce qu'elle appelle *ses misères ;* et elle lit dans l'âme de son cher correspondant.

Elle lui demande des prières ; elle lui donne des
conseils. Et ce qui domine tout, c'est le sentiment
qu'elle a de *sa bonté* ; il n'y a guère de lettre où
un « *que vous êtes bon !* » ne lui échappe comme
une exclamation involontaire.

Bientôt elle le dira au pluriel. Elle avait pris
une très large part d'intérêt, d'émotion, de
prières à l'annonce du mariage d'Alexandre.
Mais elle ne connaissait pas personnellement
mademoiselle de Beaumont ; et c'était elle surtout
qu'elle pouvait féliciter. Quant à lui, dans une
admirable lettre, telle que l'eût pu écrire la meilleure et la plus sainte des mères, elle lui traçait
avec une gravité tendre tout le programme de la
vie qui se préparait pour lui et des doux devoirs
qu'il aurait à remplir pour guider sa jeune compagne dans les voies qui mènent à Dieu. Mais
à peine eut-elle entrevu la nouvelle vicomtesse,
elle fut conquise et lui donna tout son cœur avec
une plénitude d'affection et de confiance qui ne
changea que pour s'accroître. Plus d'une fois elle
vint séjourner auprès d'eux à Fléville, et je ne
sais si la fête était plus grande pour eux ou pour
elle, tant l'union de ces cœurs était parfaite, tant
il y avait d'exquise délicatesse dans le culte du
jeune ménage pour la vieille amie vénérée, et de
tendre gratitude dans le cœur de celle-ci. C'était
un spectacle qu'il suffisait d'avoir entrevu pour
ne jamais l'oublier.

L'ordre des dates nous conduit maintenant à une œuvre à laquelle le jeune apôtre donna beaucoupde son temps et de son cœur, principalement sous la forme de la parole, l'œuvre de *la Sainte Famille*, très répandue aujourd'hui, alors à peine naissante et déjà très féconde.

Elle eut pour fondateur M. Le Prévost, l'aimable et vénérable président de la Conférence de Saint-Vincent de Paul établie sur la paroisse de Saint-Sulpice. Et voici la pensée qui en fut le germe.

Il avait été frappé, comme bien d'autres, de ce fait douloureux qu'à Paris et dans presque toutes les grandes villes, les classes laborieuses, les plus pauvres surtout, restent étrangères à toute vie religieuse, qu'elles ont désappris le chemin de l'église, et que le dimanche n'existe pas pour elles. Pourquoi ? Avant tout sans doute pour des raisons profondes qui tiennent à l'état général de notre société, mais aussi pour deux raisons plus spéciales : la première, qu'une certaine mauvaise honte, trop explicable, les détourne de se montrer, sous les « livrées de leur misère », au milieu des auditoires « endimanchés », — la seconde, que les instructions paroissiales, adressées indistinctement à tout le peuple chrétien, ne répondent pas d'une façon assez directe à leur état d'âme et à ce qui s'y trouve de ténèbres à éclairer, de blessures à guérir, de besoins spirituels à satisfaire. Or ces deux obstacles ne sont point insurmontables.

Si l'on pouvait réunir à une heure commode, dans une chapelle paroissiale ou dépendante de la paroisse, les familles pauvres qu'il s'agit de ramener à l'église, et leur y offrir une messe célébrée uniquement pour elles, elles s'y sentiraient *en famille*, elles n'auraient point à rougir de leur dénuement les unes devant les autres, et la première raison ou le premier prétexte de leur abstention disparaîtrait.

Si la messe était suivie d'une instruction particulièrement adaptée aux conditions intellectuelles et morales de ces auditoires qui furent, on ne doit jamais l'oublier, les auditoires favoris du Sauveur, — *pauperes evangelizantur*, — la seconde raison ou le second prétexte s'évanouirait aussi; comment pourraient-ils dire qu'il n'y a *rien* pour eux dans la parole à laquelle on les convie, puisque *tout* y serait pour eux ?

Enfin si, pour les attirer et les faire revenir, on ajoutait quelque chose comme ce qu'on appelle aujourd'hui *une conférence*, où un laïque sachant parler et intéresser apporterait de bons sentiments et de bonnes pensées sous la forme familière d'une causerie, d'un trait d'histoire, d'un récit de voyage, qui sait? d'une poésie vibrante ou plaisante, il y aurait là, à côté du précepte divin accompli, une petite fête pour l'esprit, un rayon de soleil dans des vies habituellement sombres; et les familles sortiraient de ces réunions mieux disposées à employer honnêtement le repos de l'après-midi.

Telle fut la conception fondamentale, et tels sont les éléments essentiels d'une Sainte Famille, sans préjudice de ce qui s'y greffa peu à peu d'utiles ou agréables accessoires : bibliothèques, caisses de loyers, tombolas, etc. Le premier local fut la chapelle souterraine de Saint-Sulpice. Le premier personnel, ce furent les 300 familles que visitait la conférence. Et voici, d'après le récit d'un témoin, ce que fut la première réunion :

« Les pauvres gens se présentèrent en grand nombre, empressés, surpris, honorés de l'invitation. La séance fut magnifique. Les chants, simples et bien choisis, chantés par tous, furent enlevés. Tous ces pauvres gens entendirent la messe avec le recueillement le plus profond. La première instruction du P. Milleriot le révéla tout entier et lui valut dès le premier jour son beau surnom de « Père de la Sainte Famille. » Quant à M. Le Prévost, il fut tout ce que l'on pouvait espérer de lui. Le charme qu'il exerçait sur les hommes du monde à sa Conférence, il le conquit au même degré sur cette humble assemblée. Tout ce que son âme ressentait pour eux de tendresse et de respect débordait de ses lèvres avec cet accent irrésistible, cette perfection dans l'expression, cette élévation et cette douceur pénétrante qui nous ravissaient tous. Il fut écouté d'abord avec étonnement. Les pauvres n'avaient jamais entendu pareil langage. Puis l'attendrissement gagna tous les yeux. Et quand ils sortirent, quelle joie dans leurs regards, et avec quelle émotion la plupart exprimaient leur reconnaissance ! Tout le monde s'en allait comme d'une fête trop tôt finie qui laisse dans l'âme d'ineffaçables souvenirs. Et dans les séances suivantes le succès grandit encore et le nombre des assistants alla toujours croissant. »

On voit assez par ce tableau l'importance capitale du rôle attribué au « conférencier » dans les réunions de la Sainte Famille; et on devine quel soin le fondateur dut apporter à les bien choisir. Il s'adressa très fréquemment à M. de Lambel qu'il avait dès le début enrôlé dans son œuvre. Et sa correspondance avec lui témoigne que, dès 1844, cette forme de collaboration lui avait été plus d'une fois demandée. « Mon cher confrère, lui écrivait-il avec sa grâce coutumière, la charité qui vous presse vous met de si bon matin hors de chez vous que je n'ai pu vous y rencontrer. Je venais vous rappeler que dimanche nous aurons notre Sainte Famille, et qu'il vous faudra encore lire à nos pauvres gens les prières de la messe. Les fonctions de lecteur, vous le savez, sont un premier degré dans la hiérarchie sacrée, et, si modestes qu'elles soient, vous êtes assez bon pour ne pas les dédaigner. Mais je souhaiterais bien vivement que vous fissiez plus, et que pour la réunion suivante vous pussiez dire à nos chères familles quelques-unes de ces bonnes paroles que votre cœur sait toujours trouver. »

Six semaines plus tard, même requête. « Préparez-leur donc pour dimanche quelque douce et aimable narration comme vous en savez si bien faire. »

Bonnes, douces et aimables paroles, ces épithètes n'étaient pas un compliment banal, mais la fidèle expression des sentiments qu'éprouvait l'auditoire des Saintes Familles en entendant le jeune conférencier. Il n'apportait à ces entretiens familiers aucune prétention oratoire ou littéraire. Sa voix n'avait pas de grands éclats et semblait parfois un peu hésitante. Mais, ayant au degré suprême l'amour et le respect des âmes, animé du plus ardent désir de leur faire du bien, il préparait ses modestes causeries avec autant de soin et de conscience que s'il les eût destinées à l'Académie française, et il apportait à ses chers pauvres ce qu'il avait de mieux pour la forme comme pour le fond. Les beaux exemples de vertus domestiques, de dévouement, de courage, de résignation, de piété, qu'il aimait à citer étaient

racontés avec une vérité et une émotion qui les
évoquaient vivement devant ses auditeurs ; les petites études morales qui étaient parfois le sujet
de la causerie étaient si claires, si pratiques, si
convaincues et si convaincantes qu'elles portaient
à la fois de la lumière dans les esprits obs-
curcis par l'ignorance et les préjugés, de la chaleur et de la tendresse dans les cœurs desséchés
et glacés. Et il savait relever la gravité des conseils par une pointe de malice inoffensive qui
épanouissait en bons sourires les visages des
pères et des mères aussi bien que des enfants.
Par ce côté encore il était de l'école de saint François de Sales comme de saint Vincent de Paul.

Avant de terminer ce chapitre, revenons à
M. de Melun.

A mesure que les deux amis, — les deux frères,
— avancent dans cette période de jeunesse où
nous les avons rencontrés, le lien qui les unit
se resserre et les témoignages en deviennent plus
touchants. A la suite d'un mois passé presque en
tête-à-tête, Armand écrit à Alexandre : « La
Providence, en nous ménageant au milieu de nos
travaux ces semaines d'union et d'intimité, a
voulu resserrer encore ce lien d'affection, cet accord de pensées, cette association d'efforts et de
volonté qui rendent si léger le poids des jours.
Depuis le moment où Dieu m'a ouvert cette car-

rière dont je le bénis sans cesse, il vous a en-
voyé vers moi pour partager et encourager ma
marche; vous êtes à la fois la voix qui conseille
et le bras qui exécute. » (2 août 1842.) L'année
suivante, pendant un entr'acte de repos rendu
nécessaire par sa santé toujours un peu délicate:
« Je me laisse aller si paresseusement au plaisir
de ne rien faire qu'il me faut toujours compter
sur la solidarité de notre affection pour ne pas
sentir les aiguillons de ma conscience. Quand
elle sera trop exigeante, je lui fermerai la bouche
en vous montrant là-bas dans cette Babylone
dont nous voulons faire une Jérusalem, ensei-
gnant les enfants, inspectant les apprentis, chargé
mais non accablé. » Et quelques mois plus tard,
de Paris où il est revenu tandis que son ami a
pris le chemin de la Lorraine : « J'ai beau m'entourer ici de conseils et d'auxiliaires, il me
manque toujours quelqu'un et quelque chose
tant que vous n'y êtes pas. »

Il regrettait que cet assidu commerce, qui lui
manquait tant pendant les périodes d'absence, ne
fût pas une entière communauté de vie. Et comme
toute idée belle prenait très vite chez lui la forme
d'un projet, il en imagina un, dont il se hâta de
donner la primeur à son ami dans une longue
lettre du 10 juillet 1844.

Après avoir éloquemment développé ce thème
que les œuvres charitables et sociales ne doivent

rien négliger pour s'adapter aux besoins de la société contemporaine, il continuait ainsi :

« Un rêve, depuis quelques jours, ne veut pas me quitter. Comme Athalie,

> Je l'évite partout, partout il me poursuit,

dès que je suis tout à fait seul. Je rêve donc qu'un jour, après avoir complété quelques œuvres, une petite maison réunira trois hommes que Dieu a rapprochés pour leur adoucir le chemin de la vie, deux laïques et un chapelain ; que ces trois hommes, formant entre eux une société fondée sur l'affection et le bien, se dévoueront tout entiers, corps, âme et argent, au service des pauvres ; qu'ils se feront les serviteurs de toutes les œuvres ; qu'ils appelleront à eux sous une règle commune tous ceux qui ne veulent pas du monde et des travaux de la terre et que cependant Dieu n'a pas appelés à la dignité du sacerdoce et à la perfection du cloître ; que cette petite société d'hommes de foi, d'espérance et de charité, se répandant tous les jours à travers les pauvres et les œuvres, rapportera chaque soir à la réunion commune le résultat de ses conquêtes spirituelles et de ses expériences charitables; qu'a-grandissant bientôt son action, elle ajoutera à l'aumône l'enseignement, ouvrira les portes aux chrétiens qui veulent se vouer à l'éducation, se fera l'intermédiaire entre l'Église et le monde si prévenu contre elle et préparera au clergé des auxiliaires dévoués. La liberté de l'enseignement trouverait là, selon mon rêve, son application la plus complète ; car l'exclusion des congrégations religieuses y serait sinon compensée, du moins diminuée par une société de laïques chrétiens. Enfin comme, en tout rêve, la limite s'efface et l'obscurité s'évanouit, cette communauté attache à toutes les œuvres sérieuses un caractère de perpétuité qui manque à tout ce qui se fait aujourd'hui ; elle met entre le siècle et le clergé un corps d'auxiliaires inattaquables ; ce sont les chevaliers de Malte du dix-neuvième siècle, défendant comme leurs devanciers, la chrétienté contre les infidèles, et combattant ceux-ci avec les armes de notre époque, l'enseignement, les œuvres et la presse. Vous connaissez ces trois hommes, dont un s'est séparé un moment pour aller puiser dans le sanctuaire des forces et des lumières supérieures ; ils ont déjà fait plus d'une campagne ensemble. Les trois premières cellules de mon couvent sont occupées par vous, Éleuthère notre chapelain (1), et moi. »

Un an après, l'auteur du projet adressait à son ami une lettre de félicitations au sujet de son mariage.

____

(1) L'abbé Eleuthère de Gérardin.

CHAPITRE V

Madame de Lambel.

On raconte qu'un jour de cette même année 1845, Alexandre de Lambel se rendit chez sa maternelle amie la comtesse de Gontaut, et que, d'un air à la fois sérieux et timide, il lui dit qu'il avait pris une résolution très grave, qu'il avait beaucoup réfléchi et beaucoup prié, qu'il croyait que c'était la volonté de Dieu, que... Elle l'interrompit :

— Mon cher Alexandre, à quoi bon tant de circonlocutions ? Je sais d'avance ce que vous allez me dire. Vous venez m'annoncer votre entrée au séminaire.

— Non, madame, ce n'est pas cela ; je venais vous annoncer mon mariage.

Peut-être n'est-ce qu'une légende. Mais si c'en est une, elle doit avoir son fondement dans quelque vérité.

La vérité ici, c'est qu'à le voir si fervent, si charitable, si modeste, si peu amateur d'un monde où les meilleures portes s'ouvraient pour lui à deux battants, beaucoup de personnes avaient fait sur son avenir les mêmes pronostics que la bonne comtesse et ne pouvaient croire que derrière une vertu déjà si parfaite il n'y eût pas une vocation religieuse.

Et parmi ceux qui travaillaient aux mêmes œuvres que lui, quelques-uns durent, à la nouvelle de son mariage, éprouver un peu d'inquiétude. Assurément il ne se désintéresserait pas de ces œuvres ; mais avec de nouveaux devoirs, de nouvelles affections, de nouveaux intérêts dans la vie, il ne pourrait plus leur apporter le même concours ; il leur donnerait moins de son temps, moins aussi de son cœur. Jusque-là on l'avait eu tout entier ; désormais il faudrait se résigner à perdre quelque chose de lui. Et cette pensée n'allait pas sans un peu de tristesse.

Les prévisions de ce genre se vérifient habituellement dans une certaine mesure. Et c'est bien pour cela, entre autres raisons, que l'Église catholique interdit le mariage à ses prêtres, à ses moines et à ses religieuses afin qu'ils soient plus entièrement au service de Dieu et des âmes.

Des exceptions à cette loi commune se laissent cependant concevoir comme un bel idéal ; et cet idéal deviendra une réalité là où *l'unisson* du

zèle pieux et charitable sera parfait entre les deux
cœurs qui se seront donnés l'un à l'autre, —
ajoutons encore là où l'oubli de soi, la bonté, les
habitudes de déférence et de support réciproque
auront établi dans la vie conjugale une concorde
plus que fraternelle, une paix sereine que l'hu-
meur et le caprice ne viennent jamais troubler.
C'est alors qu'on est vraiment *un* et *deux* à la
fois, *un* par l'unanimité des sentiments et des
vues, *deux* par la division du même travail et
par la diversité des aptitudes qui se complètent
pour le plus grand bien de l'œuvre commune.

Ces spectacles, dont les mariages chrétiens
conservent le glorieux privilège, n'étaient pas
rares dans la primitive Église. Quand les païens
du second ou du troisième siècle s'écriaient, en
regardant vivre les fidèles : *Voyez comme ils
s'aiment!* sans doute ils donnaient aux ménages
chrétiens de leur temps une part de leur admiration et de leur envie. Et il nous reste sur ce
beau détail de la société chrétienne d'alors un
témoignage qui vaut mieux que toutes les con-
jectures, un tableau où il revit avec une sincérité
merveilleuse : « Quel beau joug porte ce couple
uni dans une même espérance, un même vœu,
une même discipline, un même service! Librement ils visitent les malades et soulagent les in-
digents ; leurs aumônes et leurs bonnes œuvres
ne leur sont jamais un sujet de discorde, leurs

signes de croix ne sont point furtifs ni leurs in-
vocations muettes. Leur seule rivalité est à qui
chantera mieux les louanges de Dieu. Le Christ
se réjouit de les voir et de les entendre, et c'est
à eux qu'il envoie sa paix. Dans la fraternité
de ce service, ils ne forment qu'une seule chair
et qu'un seul esprit. Ensemble ils prient, ensemble ils se prosternent, ensemble ils jeûnent,
s'éclairant, s'exhortant, se soutenant l'un l'autre.
Ils ne se séparent ni à l'église, ni au banquet divin, ni dans les tribulations et les persécutions,
ni dans les rafraîchissements de la paix. Ils n'ont
rien à se cacher, ils ne s'évitent point, ils ne se
sont jamais mutuellement à charge (1). »

Ce que Tertullien peignait au troisième siècle,
nos yeux l'ont vu au dix-neuvième pendant près
de trente-sept ans en la personne du comte et de
la comtesse de Lambel. Et il ne semble pas que
l'idéal du mariage chrétien puisse être approché
par une réalisation plus parfaite soit quant à sa
beauté morale, soit quant au bienfaisant rayonnement de son action extérieure. Si quelques
amis avaient pu craindre que ce grand événement
n'amenât un peu de ralentissement dans l'activité charitable de leur frère d'armes, bien vite ils
eurent la joyeuse surprise de constater que
l'effet en était tout contraire.

---

(1) Tertullien, *Ad uxorem*, II, 8.

Le 18 juin 1845, le vicomte Alexandre de Lambel épousait mademoiselle Marie-Anne-Jacqueline de Beaumont, d'une des plus nobles familles de Touraine. Ce qu'il était, quel passé il apportait à la communauté naissante, les pages qui précèdent ont essayé de le dire. Ce qu'elle y apportait, avec tous les dons d'esprit perfectionnés par une culture excellente, avec une beauté grave qui eût été imposante si elle n'eût été *humanisée* par un air de douceur et de bonté exquises, c'était la grandeur et la docilité d'une âme profondément chrétienne qui, en se donnant tout entière à l'époux de son choix, n'avait qu'un seul plan de vie : servir Dieu à ses côtés et à son école, le servir en lui-même par la piété, en la personne de ses pauvres par la charité.

Elle eut, dès le début, l'intuition la plus vive du trésor sans prix que la Providence lui avait fait rencontrer. Elle connut cette incomparable joie de pouvoir ajouter à la tendresse la plénitude de la confiance, et ce respect qu'il est si doux d'éprouver pour ce qu'on aime. Elle fut donc pour son cher initiateur dans la vie charitable la plus zélée et la plus intelligente des disciples avant d'y devenir la plus zélée et la plus indispensable des collaboratrices.

Le passage de l'un à l'autre état fut des plus rapides, tant l'ardeur de l'élève était vaillante et tant étaient instructives les leçons du maître,

incessamment *illustrées* par ses exemples. Celui-ci oublia bien vite qu'il avait été maître ; et il
est probable qu'au bout de très peu d'années de
mariage il se fût vivement défendu de l'avoir
jamais été, tant il se sentait rejoini, — tant il se
croyait, très sincèrement, dépassé, — par sa
chère compagne. *Elle* s'en souvint toujours. Et
jusqu'à la fin de sa vie il n'y eut rien de plus
touchant que l'humilité, sincère aussi, de sa déférence pour celui auquel, « favorisée entre
toutes, elle ne pouvait assez remercier la Providence de l'avoir unie. »

Mais il ne faut pas croire que cette humilité et
cette déférence fussent une annulation de sa per-
sonnalité propre, et que cette femme supérieure
se déchargeât sur son mari du soin de penser, de
réfléchir et de vouloir pour elle. Quelle que fût
sa défiance de son propre sens, elle pensait par
elle-même et pour elle-même. Dans leurs délibé-
rations communes qui avaient toujours pour
objet quelque bien à faire, chacun apportait ses
idées qui pouvaient être différentes non sur le
but, mais sur les moyens. Et il fallait bien les
discuter. Or la discussion est un péril, même
entre les meilleurs chrétiens, même entre les
meilleurs époux. Si je soutiens une idée, c'est
que je la crois bonne ; et si je la crois bonne,
est-ce toujours par une vue désintéressée de l'esprit? n'est-ce pas quelquefois, inconsciemment

sans doute, *parce qu'elle est mienne?* Si on la combat, n'est-ce pas moi qu'on attaque? C'est ainsi que le *moi* rentre en scène là où il n'a que faire, que les discussions deviennent disputes et qu'on est obligé de faire la paix parce qu'on s'est un peu fâché? Ne vaudrait-il pas mieux l'avoir gardée?

Ceux-ci la gardèrent toujours. Ils la gardèrent parce qu'ils aimaient plus la vérité qu'eux-mêmes et qu'ils savaient lui faire le sacrifice (c'en est un) de leur opinion personnelle. Ils la gardèrent parce qu'ils prirent très au sérieux, pour se l'appliquer à eux-mêmes, la règle que saint Paul a donnée et que parfois on oublie : « Dans les choses nécessaires, *unité;* dans les choses douteuses, *liberté;* en toutes choses, *charité* (1). » Ils la gardèrent surtout parce qu'ils tinrent à la garder comme le signe le plus aimable et le plus doux fruit de leur mutuel amour. Tous ceux qui ont eu l'honneur et le bonheur d'être admis dans leur intimité ont eu le spectacle de cette paix sereine; aucun d'eux ne saurait en oublier la salutaire leçon.

Et ce fut ainsi qu'ils commencèrent, la main dans la main, une vie dont il est rigoureusement vrai de dire, selon la formule sacrée, qu'elle se dépensa tout entière pour la gloire de Dieu et pour le salut des âmes.

---

(1) *In necessariis unitas, in dubiis libertas, in omnibus charitas.*

Mais combien on se tromperait si on pensait que, s'aimant après Dieu et en Dieu, ils durent s'en aimer moins! Ils s'en aimèrent beaucoup plus, avec une fusion de plus en plus complète de leurs âmes l'une dans l'autre, avec une ardeur qui, après trente-cinq ans d'union, n'avait rien perdu de sa fraîcheur ni de sa flamme, — je dirais avec une *passion* grandissante, si ce mot de passion ne suggérait une idée d'orage, toute contraire à ce que fut la très pure sérénité de leur amour. Pourquoi s'en étonner? Devenant sans cesse meilleurs l'un par l'autre, ils devenaient sans cesse plus dignes d'être aimés, et leur mutuelle tendresse se doublait d'une mutuelle reconnaissance dont le trésor, loin de décroître, s'accumulait avec les années. C'était, malgré les inévitables épreuves d'ici-bas, la plénitude du bonheur humain. Et ce bonheur avait conscience de lui-même, conscience de son prix, conscience surtout de sa source divine. C'est pourquoi toute leur vie était une action de grâces, et leur mutuel amour, en leur donnant un vol chaque jour plus haut vers Dieu à qui ils en devaient les douceurs, leur inspirait aussi des compassions plus actives, des sacrifices plus généreux pour toutes les formes de la souffrance humaine.

La première page de cette étude a offert une strophe de cet hymne de la reconnaissance et de l'amour. Pendant les longues années de leur existence commune il ne s'interrompit jamais. A chacun de leurs anniversaires de mariage, de fête, de naissance, ils avaient coutume, quoique vivant ensemble, de s'adresser l'un à l'autre, comme on s'offre une fleur, un témoignage écrit de leur affection, tantôt quelques lignes, tantôt quelques pages. C'est toujours le même accent profond et tendre, toujours la même effusion de deux cœurs qui sentent le besoin de renouveler les premiers vœux de leur jeunesse, de se redire qu'ils sont tout entiers l'un à l'autre pour le temps et pour l'éternité, mais surtout à Celui à qui ce mutuel amour devra d'être immortel.

Dans une des premières années de leur mariage, elle lui disait : « Laisse-moi te remercier encore du choix que tu as fait de moi ; laisse-moi te dire que je suis entièrement à toi, mon cœur, mon esprit, mes forces, mon âme aussi, puisque par tes conseils elle pourra marcher dans la bonne voie. Pardon pour toutes mes fautes ; merci pour toutes tes bontés. Le bon Dieu, qui seul peut acquitter ma dette envers toi, récompensera au centuple ta patience et ton affection. Mon amour est sans bornes, et mes souhaits pour toi aussi. Sois toujours heureux; et, si Dieu le permet, sois-le par moi. Allons ensemble vers Lui! C'est mon vœu de tous les jours, et mon premier de cette année. »

A l'anniversaire des noces d'argent, elle lui disait encore : « En repassant les vingt-cinq années de bonheur que tu m'as données, je ne puis trouver aucune occasion où tu n'aies été pour moi le plus sûr des guides, le meilleur et le plus tendre des maris. Dans les jours difficiles et tristes, dans les joies, dans mes torts, toujours tu as été meilleur que je ne pouvais m'y attendre. Merci pour tout le bonheur que je t'ai dû. Merci de tes bons conseils, et de tes bons exemples, et de tes incessantes sollicitudes pour moi. Vraiment ton amour croît avec les années. Je voudrais bien que tu pusses en dire autant du mien. Il existe bien profond, tendre et reconnaissant; mais il se heurte à chaque pas contre de si vilains obstacles intérieurs ! Pardonne-moi ; aime-moi toujours ; prie pour moi ; et que Dieu nous fasse la grâce de monter ensemble vers lui. »

Et le 1ᵉʳ janvier 1882, presque à la veille de la séparation suprême, elle traçait encore ces lignes, d'une main que la maladie avait rendue tremblante : « Comment dire à mon bien-aimé toute ma reconnaissance? Tu es pour moi plus tendre que la meilleure des mères pour son enfant. Que le bon Dieu paie ma dette par ses grâces et te donne du bonheur cette année, *par moi* si je puis ! Pardon de mes ingratitudes. Je voudrais tant les effacer par les plus doux témoignages de ma tendresse! »

L'épouse découvrait à l'époux, dans ces lettres destinées à lui seul, tout le fond de son âme. Et c'était avec une sincérité absolue qu'en lui prodiguant « les plus doux témoignages de sa tendresse », elle se prodiguait à elle-même les plus humbles reproches pour les manquements dont elle s'accusait envers lui. Ceux qui douteraient de cette sincérité connaîtraient mal ce qu'il y a de plus beau dans la vie morale. Quand une âme s'est tracé à elle-même un idéal de perfection sur lequel son regard est constamment fixé, quand son effort de chaque heure est d'en reproduire dans sa vie une image fidèle, elle acquiert une extraordinaire clairvoyance pour discerner les imperfections de la copie à laquelle elle travaille ; elle devient pour elle-même le plus impitoyable des critiques ; et il n'y a pas la plus légère ombre d'affectation dans les reproches qu'elle se fait pour des fautes dont elle est seule à s'apercevoir. Ainsi en a-t-il été de tous les saints, qui nous étonnent par la sévérité de leurs jugements sur eux-mêmes. Ainsi en fut-il de madame de Lambel ; jamais ses vertus d'épouse ne réalisaient pleinement à son gré l'idéal qu'elle en avait conçu, jamais elles ne répondaient assez à l'intensité de sa tendresse et de sa reconnaissance.

Mais elles répondaient surabondamment à tout ce que l'époux avait pu souhaiter dans ses plus beaux rêves de félicité conjugale. A chaque

mea culpa de sa chère compagne, il n'avait sans
doute rien de plus pressé que de lui fermer la
bouche en lui disant et lui redisant tout ce qu'il
lui devait de pur bonheur. Plus tard, quand ce
bonheur ne fut plus qu'un souvenir, il reprit ses
lettres pour les relire et les relire encore. Il en
faisait l'aliment de sa conversation intérieure ; et
y retrouvant l'expression de ses sévérités pour
elle-même, il consignait en marge quelques mots
ou quelques lignes de dénégation douce et tendre
qui continuaient avec la chère envolée les entretiens interrompus par la mort. Il n'y en a presque pas une qui ne soit ainsi annotée. Et je ne
sais en vérité ce qui est le plus touchant dans ces
conversations d'outre-tombe, ou la délicatesse de
celle qui croit n'en avoir jamais fait assez pour
témoigner son amour, ou la protestation de celui
qui repasse avec un cœur débordant de gratitude
toute une vie embellie par cet amour.

CHAPITRE VI

Fléville.

M. de Lambel était maire de Fléville depuis plusieurs années déjà lorsqu'il introduisit la nouvelle vicomtesse dans le magnifique château qui fait la gloire de cette petite commune. Il était peut-être alors le plus jeune des maires de France. Resté en fonctions jusqu'à sa mort, il était certainement leur doyen en 1903.

Ces soixante années d'exercice sont le symbole d'une chose plus grande que la modeste tâche officielle qui lui fut imposée à perpétuité par la confiance unanime des gens de son village, d'une chose que l'esprit révolutionnaire repousse avec dédain, d'une chose cependant qu'il faut à tout prix conserver là où elle subsiste et rétablir sous une forme quelconque là où elle a disparu, d'une chose qui s'appelle *le patronage chrétien*.

M. de Lambel, — ai-je besoin d'avertir que, à

partir de 1845, ce qui sera dit *de lui* devra également s'entendre *d'elle?* — exerça ce patronage
dans toute son étendue : à Fléville d'abord, puis
dans tout le canton, puis, selon la mesure du
possible, dans tout le pays lorrain auquel il était
passionnément attaché. Nous essaierons de pénétrer dans le détail de cette action qui embrassait
tous les intérêts de sa région depuis les plus
humbles jusqu'aux plus élevés. Mais il est nécessaire avant tout de bien dégager l'idée qu'il se
faisait du patronage comme d'un devoir attaché
à toute situation que la naissance, ou la fortune,
ou l'influence ou toutes trois ensemble ont faite
privilégiée.

Cette idée est simplement l'idée chrétienne, et
elle se compose de deux éléments.

Le premier est que Dieu, qui a créé la nature
humaine de telle sorte que l'inégalité des conditions résultât nécessairement du libre jeu de ses
facultés, a fait cependant les hommes égaux devant lui et qu'il les appelle tous à la même fin
par l'accomplissement de la même loi morale ;
qu'il n'a donc pas voulu, qu'il n'a pas pu vouloir
que le grand nombre vînt au monde uniquement
pour être le pourvoyeur des jouissances du petit
nombre ; qu'au contraire il a imposé à la richesse
des uns la loi de rétablir l'équilibre en se répandant largement sur la pauvreté des autres ; et
qu'ainsi toute supériorité sociale a, de droit

divin, pour corrélatif un devoir social de protection et d'assistance.

Le second élément est que, dans l'ordre spirituel et chrétien, le privilège est positivement retourné. Sous la loi de l'Évangile les préférés de Dieu, ceux à qui le premier rang appartient dans la société des âmes, ce ne sont pas les riches, les grands, les puissants, mais les pauvres, les petits, les faibles. Quand on assiste ceux-ci, c'est Jésus-Christ, Dieu et homme, qu'on assiste; il en fait lui-même la déclaration formelle. Ils ont donc, et au delà, de quoi s'acquitter des bienfaits qu'ils reçoivent; car c'est par l'intercession de leurs prières que les riches entreront dans ce royaume des cieux dont l'accès leur est si difficile. *Donc, ô riches, que vous êtes pauvres! mais ô pauvres, que vous êtes riches!* s'écrie Bossuet dans son admirable sermon « sur l'éminente dignité des pauvres dans l'Église » dont le titre seul est toute une doctrine. C'est là qu'est la nouveauté divine; c'est là ce qui a établi sur un pied inconnu et insoupçonné les rapports mutuels des conditions sociales. L'Évangile n'a pas apporté dans le monde la compassion et l'assistance; elles sont aussi vieilles que la nature humaine. Il ne s'est pas borné à faire un devoir sacré, universel, perpétuel de ce qui n'était que l'impulsion intermittente d'un sentiment mobile. Il a relevé la dignité du pauvre en laissant transparaître Jésus-Christ lui-même à travers sa misère. Il a ennobli l'aumône chez celui qui la reçoit en lui conférant la puissance de la payer avec usure. Sans lui l'aumône, quoi qu'on fasse, reste humiliante et laisse une envie sourde fermenter au cœur de ceux à qui on la jette comme à des êtres d'une nature inférieure. Avec lui tout est remis dans l'ordre ; les hiérarchies humaines sont respectées parce qu'elles sont nécessaires, et justifiées parce qu'elles sont bienfaisantes ; et en même temps une hiérarchie divine toute contraire, préservant les uns de l'orgueil, sauvant les autres de l'humiliation, pacifie tout sous la loi d'amour.

Ce fut dans cet esprit et selon ces maximes que le maire de Fléville pratiqua toute sa vie le patronage chrétien. Et si sa dignité municipale lui fut chère, c'est parce qu'elle lui donna, pour le pratiquer efficacement, plus d'autorité et plus d'influence.

Voyons-le donc à l'œuvre et, pour commencer, plaçons-le dans son cadre.

Après avoir traversé sur un beau pont de pierre un fossé large comme une rivière, on se trouve dans une très vaste cour dont trois côtés sont occupés par un château historique datant du seizième siècle, plus sévère de style que ne sont d'ordinaire les constructions de la Renaissance. A l'aile gauche s'élève un haut donjon d'une date beaucoup plus ancienne qui donnerait à l'ensemble une physionomie féodale si une toiture banale n'avait remplacé ses créneaux d'autrefois. L'intérieur, simple et noble, n'a que deux luxes, l'un religieux, sa charmante chapelle ogivale, — l'autre patriotique, la grande salle des ducs de Lorraine décorée de belles peintures héraldiques. Derrière le château un grand parc, de création plus récente, dont les ombrages deviennent chaque année plus imposants. En somme, après ou avec le château d'Haroué, c'est sans contredit la plus belle demeure qui subsiste de l'ancienne Lorraine.

Mais regardez à l'aile droite. Vous y découvrirez une petite porte que vous n'aviez pas aperçue d'abord. Elle donne sur un couloir qui conduit à une cellule que la piété de l'architecte semble avoir ménagée pour offrir un austère asile à quelque moine de passage. Cette pièce est vraiment monastique par ses dimensions exiguës ; et elle l'est encore plus par la simplicité de son pauvre mobilier : une table des plus vulgaires, le plus modeste des fauteuils de bureau, des chaises de paille, le portrait du général de Lambel, un Christ, quelques images pieuses, et c'est tout. Ce réduit est le cabinet de travail du maire de Fléville ; pendant soixante ans il n'en connaîtra pas d'autre.

Pourquoi l'a-t-il choisi ? Sans doute par cet esprit d'humilité et de mortification qui ne l'a-

bandonne jamais, — mais aussi, n'en doutez
pas, afin de mettre à l'aise sa quotidienne clientèle de petites gens qui se sentiraient gênés et
n'oseraient pas lui dire *tout* s'il les recevait dans
quelque bibliothèque imposante. Tel est, dans
le grand cadre de Fléville, son petit cadre à lui.

Il est accessible à tous, avant tout à la grande
famille de Fléville. Car entre ce maire et ses ad-
ministrés le lien patronal est devenu familial. Il
connaît tout d'eux : non pas seulement leurs
noms et leur visage, mais leur situation, leurs affaires, leurs besoins. Aussi ses encouragements,
ses conseils, ses consolations, même, s'il le faut,
ses douces réprimandes arrivent à chacun sans
jamais se tromper d'adresse. L'accent même de
son langage est ce qui convient à chacun, presque
filial avec les vieux, fraternel avec les jeunes, car
il est jeune lui-même. C'est le conseil de saint
Paul à son cher Timothée (1) : *Avertis les vieillards comme tes pères, les jeunes hommes comme
tes frères.* Quand on le consulte sur quelque
difficulté légale, il se souvient qu'il est docteur
en droit, et il répond en jurisconsulte, mais surtout en juge de paix s'il s'agit d'une de ces con-
testations entre voisins qui dégénèrent si vite et
si souvent en procès ; car il est essentiellement
pacifique, c'est-à-dire pacificateur, conservateur

----

(1) *Première épître à Timothée*, chap. v, v. 1.

vigilant des paix menacées, rétablisseur des paix
troublées ou rompues ; et ainsi, en même temps
qu'il fait faire à ses clients gratuits l'économie
des frais de justice, il exorcise le démon de la
rancune qui commençait à les posséder. S'il y a
une démarche à faire, il la fait, — une lettre à
écrire, il l'écrit. On lui écrit beaucoup, et toujours il répond. Bien souvent c'est pour lui
adresser une demande de secours ; si elle est justifiée, ou seulement s'il a l'espoir de faire du bien
à une âme, l'envoi du subside suit de près la pé-
tition, dans la mesure d'un budget où la part des
pauvres se grossit de mainte privation personnelle. Et cet envoi est toujours accompagné d'un
mot aimable et chrétien qui, renvoyant à Dieu
seul le mérite du bienfait, travaille à conduire
vers lui le cœur de l'obligé par le beau chemin
de la reconnaissance.

Si tout Fléville connaît le chemin du château,
le châtelain connaît le chemin de toutes les maisons de Fléville. Il n'y a guère de pauvres à *l'état
chronique*, grâce à lui et à madame de Lambel,
dans l'heureux village. Mais s'il y a des ménages
affligés par une détresse accidentelle ou par un
chagrin quelconque, s'il y a un infirme à soulager, un malade dont l'âme ait besoin d'être en-
couragée à souffrir ou préparée à mourir, un mort
à veiller, c'est là qu'il va tout d'abord et qu'il revient sans cesse. Il sait compatir du fond du cœur,

il trouve les paroles qui vont au cœur ; et jamais
le sentiment de famille qui l'unit à toute cette
population ne se manifeste avec plus de tendresse
que quand elle est visitée par la douleur. Mais
leurs joies sont aussi ses joies ; elles ne seraient
pas complètes s'il n'avait pas la primeur de toutes
les bonnes nouvelles, si on ne lui apportait pas
la lettre du fils qui est au régiment, de la fille qui
est en apprentissage ou en service, si on n'accou-
rait pas lui annoncer une naissance ou un mariage. De ce mariage il remplira, suivant son devoir municipal, les formalités civiles. Mais après
qu'il aura déposé son écharpe, il suivra le cortège
à l'église où le vrai mariage sera béni ; et il n'y
aura pas de prière plus fervente que la sienne
pour que la famille qui se fonde soit une famille
chrétienne.

L'église ! comment omettre de dire ce que nous
savons d'avance : qu'il y va tous les jours et
plusieurs fois par jour, et que c'est là, non
ailleurs, qu'il va chercher les grâces nécessaires
à l'accomplissement de sa tâche quotidienne ?
Personne ne pénètre le mystère de ses entretiens
solitaires avec le Dieu pour lequel il travaille, et
l'on n'en peut rien deviner que par les fruits bénis
que tout le monde autour de lui en retire. Mais
les dignes et saints prêtres qui se sont succédé à
Fléville pendant soixante ans surent quel inestimable concours leur « premier paroissien » ne

cessa d'apporter à leur ministère, de quel religieux respect il ne cessa jamais de les entourer, avec quelle défiance de lui-même il recher-
chait leurs conseils dès qu'il s'agissait de faire
du bien aux âmes, d'élever le niveau de la vie religieuse de la paroisse par quelque institution ou
quelque fête appropriée à ses besoins spirituels,
avec quelles effusions ils ont eux-mêmes remer-
cié Dieu d'avoir placé à côté d'eux un pareil auxiliaire, et ce qui leur a manqué le jour où sa
tâche a été achevée sur la terre (1).

Je ne crois pas que jamais paroisse de France
ait réalisé d'une manière plus parfaite le type de
la famille patriarcale, rangée autour d'un père
qui enchaîne tous les cœurs par les seuls liens
des bienfaits, de l'amour et de l'exemple. Tous les
habitants de Fléville sont à la lettre ses enfants ;
la crainte *de faire de la peine à monsieur le
Comte* est, après et avec la crainte de Dieu, la
force maîtresse qui, jeunes et vieux, les maintient dans la belle voie des vertus domestiques et
chrétiennes. Pour lui, il est à eux tout entier, corps
et âme, à la vie et à la mort, par le dévouement

(1) Les personnes qui, de près ou de loin, ont été associées à ce
long demi-siècle de la vie de Fléville ne nous pardonneraient
pas d'omettre ici les noms de M. l'abbé Bastien et de M. l'abbé
Claude, deux admirables apôtres, — très différents par leur aspect
extérieur qui était d'une vigueur presque rustique chez l'un, d'une
douceur presque mystique chez l'autre, — très parfaitement
semblables par leurs vertus et leur zèle.

quotidien à tous leurs intérêts, par la participation à toutes leurs joies et à toutes leurs peines, par le constant effort pour les rendre plus heureux et meilleurs, par les prières où il les porte toujours avec lui. Et de même qu'un père, en prévision du jour où il ne sera plus là, tient à laisser par écrit à ses fils ses derniers adieux et ses derniers conseils, il veut, lui aussi, s'y prendre d'avance pour leur léguer, comme un testament spirituel, les *novissima verba* de sa tendresse. Les voici dans leur simple et touchante beauté :

« Chers habitants de Fléville,

« Il y a bien longtemps que je vous aime et que je cherche à vous le prouver. En vous adressant ces adieux, que vous recevrez quand déjà mon âme aura paru devant Dieu, je me place, par la pensée, à la dernière heure de mon passage en ce monde ; et à ce moment solennel où toutes les illusions s'évanouissent, je vous dis : oui, j'ai eu, j'ai et j'aurai toujours un vif désir de contribuer à votre vrai bonheur.

« Quand la mort interrompra nos relations de la terre, elle ne brisera pas nos liens ; je vous demande de me prouver alors la persévérance de votre affectueux souvenir en priant pour mon âme et en restant dévoués à ma famille qui mérite plus que moi votre attachement.

« Si, malgré mon constant désir de vous donner

le bon exemple, je vous ai scandalisés en quelque manière, je le regrette sincèrement, et je vous demande de l'oublier.

« Si j'ai réussi, avec la grâce de Dieu, à vous faire un peu de bien, rendez-le-moi, chers habitants de Fléville, en priant et en offrant des bonnes œuvres à l'intention des âmes qui me sont le plus chères, et aussi à l'intention de la mienne.

« De mon côté, je ne cesserai de demander, avant tout, pour l'âme de chacun de vous, pour la bonne éducation de vos enfants, puis pour votre santé, la réussite de vos affaires et pour tous vos intérêts, les bénédictions du temps présent et les secours infiniment plus précieux qui conduisent au bonheur éternel.

« Réfléchissez sérieusement, je vous en conjure, à cette grande vérité que je vous ai si souvent rappelée : *Une seule chose est nécessaire, c'est de sauver son âme ; pour la sauver, il faut observer avec une fidèle exactitude les commandements de Dieu et ceux de l'Église.*

« Si nous travaillons courageusement à vaincre nos défauts et à pratiquer les vertus de notre état, nous gagnerons le Paradis. Quelle récompense, et quoi de plus capable de soutenir notre énergie et d'enflammer notre ardeur !

« Adieu, chers habitants de Fléville !

« Au ciel nous nous reverrons. Oh ! que nous

y serons heureux ! C'est là que je vous donne à tous rendez-vous.

« COMTE DE LAMBEL (1). »

Il va sans dire qu'il prenait très au sérieux sa modeste magistrature et qu'il fut le modèle des maires par son exactitude administrative, par sa gestion intelligente des fonds communaux, par son zèle à soutenir les intérêts de sa petite république. Cela était simplement le devoir. Mais il ne lui suffisait pas d'accomplir ce devoir dans sa plénitude ; et son esprit était toujours en éveil pour trouver le mieux au delà du bien, et pour étendre le rayonnement de son activité bienfaisante au delà des frontières où elle s'exerçait d'une façon plus immédiate.

De là les œuvres lorraines dont nous voudrions indiquer du moins les principales.

La première en date, — elle remonte à 1848, — fut la Société de secours mutuels du canton de Saint-Nicolas-du-Port. Il la fonda en des temps sombres, après la révolution de février et l'insurrection de juin, alors que l'incertitude du lendemain paralysait les transactions, com-

---

(1) Selon sa volonté, chacun des habitants de Fléville reçut un exemplaire de ces adieux sous forme d'une image mortuaire, à laquelle fut ajoutée sa photographie. M. le curé de Fléville en donna lecture en chaire, un des dimanches qui suivirent les funérailles, et l'on put ainsi appliquer au pieux défunt la parole des saints livres : *Defunctus adhuc loquitur.*

promettait les salaires et rendait l'épargne plus
difficile en même temps que plus nécessaire.
Pour y encourager les classes laborieuses, il fallait absolument que les personnes riches ou aisées
concourussent à former la caisse de la mutualité
sans profiter de ses ressources, en d'autres termes
qu'il y eût des membres bienfaiteurs à côté des
membres participants. M. de Lambel s'inscrivit en
tête de la liste pour une somme importante. Quinze
ans plus tard il la présidait encore. Et dans un
chaleureux appel aux ouvriers, il pouvait montrer,
chiffres en main, combien cette institution leur
avait été bienfaisante dans la mesure de ses ressources, mais combien elle était loin encore
d'avoir dit son dernier mot, et combien il était
désirable qu'elle s'étendit davantage. En termi-
nant son compte rendu, il disait à tous avec une
juste fierté où il n'y avait aucun retour sur lui-
même : « En présence de ce magnifique résultat,
toutes les hésitations doivent cesser. Les personnes aisées voudront désormais se cotiser avec
nous pour la prospérité d'une œuvre aussi morale
que populaire. Et vous, ouvriers, vous vous em-
presserez, nous n'en doutons pas, de profiter des
avantages que nous vous offrons avec le vif désir
de vous être sérieusement utiles. »

On sait quels développements l'idée féconde
de la mutualité a pris depuis ce temps lointain ;
il était intéressant de la voir appliquée, presque

naissante, par le jeune maire de Fléville, au canton qu'il allait bientôt représenter comme conseiller général.

En cette même année 1848, il fonda une « Société de patronage pour les orphelins, les enfants trouvés, les sourds-muets, les aliénés et les aveugles du département de la Meurthe », réunissant dans une même pensée d'assistance quelques-unes des plus cruelles misères qui puissent affliger l'humanité. Assisté d'un conseil d'administration où nous trouvons les noms les plus honorés de la Lorraine, il en conserva la présidence jusqu'à la fin de sa vie ; et c'était toujours sa plume qui ajoutait au compte rendu financier annuel une notice sur les faits les plus dignes d'être signalés dans la vie intérieure de cette œuvre multiple. Réunir des fonds, distribuer des secours, tel était son mécanisme très simple. Les fonds venaient des souscripteurs annuels ; il fallait se donner quelque peine pour en maintenir et en grossir la liste ; — d'un sermon de charité dont il fallait choisir avec soin le prédicateur et les quêteuses ; — d'une loterie dont l'organisation n'était pas peu de chose. L'affectation des secours, principalement aux enfants orphelins ou abandonnés, exigeait de sérieuses enquêtes ; et le patronage moral à exercer sur ces jeunes assistés donnait lieu à une correspon-

dance assidue où se dépensait largement l'activité charitable du président et de ses dignes confrères. C'était d'eux surtout que s'occupait la
notice annuelle. Voici, presque au hasard, ce
qu'en disait le compte rendu de 1867 : « Le
nombre de nos orphelins, disséminés dans plus
de cent communes, a sensiblement augmenté et
dépasse deux cents. Beaucoup cependant nous
échappent encore ; et il serait très désirable que
nous pussions les atteindre tous, tant ils ont besoin de notre assistance et tant sont redoutables
les dangers qui les attendent. Abandonnés dès
leur enfance, privés des enseignements et de la
protection de la famille, ils grandissent trop souvent dans l'ignorance, dans l'oubli de Dieu et
dans le vice. C'est à nous de les sauver. La Providence, en nous prodiguant ses faveurs, nous a
choisis pour devenir les gardiens de leur âme...
La mission de nos associés chargés du Patronage est aussi délicate qu'importante... Ils s'en
acquittent avec un zèle, un tact, une persévérance
dont nous ne saurions assez les remercier. Le
succès répond habituellement à tant d'efforts. Le
plus grand nombre de nos patronnés se distinguent
par la régularité de leur conduite. Plusieurs sont
des modèles dans les villages qu'ils habitent. »

Dans l'ordre des institutions économiques et
sociales qui travaillent à élever le niveau général

de l'aisance, de l'intelligence et de la moralité
chez les populations laborieuses, la création la
plus personnelle et la plus heureuse de M. de
Lambel fut le Comice agricole de Fléville. Il a
tenu une place importante dans la vie du châtelain et de la châtelaine. Nulle part leur collaboration n'a été plus intime et plus aimable ; et
rien n'a mieux répondu à l'idée que tous deux se
faisaient du patronage chrétien. On nous permettra de nous y arrêter avec un peu plus de détail.

M. de Lambel, malgré son profond attachement à ses œuvres urbaines, était, par goût et
par principe, un rural. Il aimait ardemment sa
vieille terre lorraine, avec ce patriotisme local
qui s'allie si bien, dans ce noble pays, au plus
chaud patriotisme français. Il avait la plus haute
idée de la vie des champs et des ressources qu'elle
offre pour la santé du corps et de l'âme. Il croyait
qu'il est possible de faire quelque chose pour arrêter la funeste émigration vers les villes corrup-
trices ; et il lui était évident que le progrès agricole est un des moyens à employer en vue de
cette fin.

Dans le courant de l'année 1865 il adressa « à
MM. les cultivateurs, horticulteurs, instituteurs
et ouvriers agricoles du canton de Saint-Nicolas », la circulaire suivante qui est l'acte de fondation du comice :

« Mes chers voisins,

« Le voyageur qui parcourt le beau canton de Saint-Nicolas et qui voit nos prairies verdoyantes, nos coteaux garnis de vignes, nos champs couverts de moissons, nos jardins et nos vergers chargés de légumes et de fruits, serait presque tenté de croire à la réalisation de tous les progrès agricoles dans notre pays. Cette opinion serait une erreur qu'un examen moins superficiel ne tarderait pas à dissiper. Notre époque a notablement, il est vrai, perfectionné la culture des terres, mais il reste beaucoup à faire. Il faut perfectionner les races d'animaux, les assolements et les prairies artificielles, augmenter le bétail, assainir les logements, tirer un plus utile parti des engrais, multiplier les prés artificiels, diminuer les jachères, etc.

« Nous avons tous à travailler pour hâter l'avènement de ces innovations là où elles n'ont pas encore pénétré. Plusieurs les introduiront prochainement dans leur exploitation et donneront ainsi autour d'eux le puissant enseignement de l'exemple. Quant à nous, nous venons proposer des encouragements destinés surtout à propager les bonnes méthodes et à augmenter la louable émulation qui existe entre les cultivateurs du canton. »

(Suivait l'indication des prix à décerner an-

nuellement aux meilleures tenues d'exploitations
de 30, de 20, de 10 hectares, aux instituteurs
ayant donné dans leurs écoles les meilleures
notions d'hygiène et d'agriculture, aux élèves
ayant suivi ces leçons avec le plus de succès, aux
vieux cultivateurs jugés les plus recommanda-
bles par leur moralité et leurs besoins, aux ouvriers agricoles laborieux et de bonne conduite
employés depuis huit ans au moins chez le même
maître. Ces prix formaient un total de près de
600 francs.) La circulaire se terminait ainsi :

« La Société d'agriculture, dont nous sommes
membre, s'efforce depuis longtemps de découvrir, de publier et de récompenser les progrès dans
le grand art de fertiliser la terre. Nous nous gar-
derons d'empiéter sur son domaine, et nous nous
contenterons de glaner derrière elle dans le canton que nous habitons. Le glaneur se réjouira
s'il parvient à propager quelques pensées utiles
et à encourager quelques généreux efforts.

« COMTE DE LAMBEL,

« *Propriétaire à Fléville.* »

Dès l'année suivante, à la suite d'une longue
enquête confiée à une commission spéciale, les
prix proposés étaient décernés dans une séance
solennelle qui devait se renouveler annuellement
sans une seule interruption jusqu'à la mort du

fondateur ; un mois avant de quitter la terre, le
1er juin 1903, il la présidait encore.

La réunion à laquelle assistaient, outre tous
les lauréats avec leurs familles, des représentants
de la plupart des communes du canton, se tenait
sous les ombrages du parc de Fléville, le lundi
de la Pentecôte. Il faut savoir que cette date est
traditionnellement chère aux Lorrains. C'est ce
jour-là que les familles dispersées dans les villages de la région se rassemblent pour fraterniser
ou cousiner une fois du moins dans l'année, si
bien que les parents qu'on ne reverra pas de douze
mois s'appellent proverbialement « les cousins
de Pentecôte. » L'assemblée de Fléville devint
pour tout le canton de Saint-Nicolas la plus cordiale et la plus attendue de ces réunions de famille.

La séance s'ouvrait par une petite conférence
agricole, plus expérimentale et pratique que théo-
rique et savante. M. de Lambel ne manquait pas
une occasion d'en confier le soin à quelque agro-
nome en renom, mais le plus souvent il devait
s'en charger lui-même après une consciencieuse
étude du sujet à traiter ; et nous le voyons ainsi
parcourir le cycle presque entier des connais-
sances que les gens de la campagne ont besoin
d'acquérir pour tirer de la terre tout ce qu'elle
peut donner. Venait ensuite la proclamation des
récompenses, aussi impatiemment attendue, aussi

chaleureusement applaudie par des compétiteurs ayant barbe au menton que le serait par des écoliers la lecture des prix d'un collège. Puis le Président, à qui la culture des champs ne faisait jamais oublier la culture des âmes, terminait la séance par une causerie morale et chrétienne, toujours adaptée à l'esprit simpliste de son auditoire rural, toujours agrémentée par quelques-uns de ces traits d'histoire ou de fiction qui rendent sensibles à tous les leçons de la vertu. Madame de Lambel, dont la présence et le gracieux accueil avaient embelli la réunion depuis les premières arrivées, offrait enfin à tous les assistants, dont quelques-uns venaient d'assez loin, un goûter rafraîchissant et réconfortant. Elle en faisait les honneurs elle-même; et, se mêlant à toute la population qui la vénérait comme une sainte et l'aimait comme une mère, elle avait, pour chacun, de ces mots qui viennent du cœur et que le cœur n'oublie pas. Lorsqu'elle ne fut plus là, pas une des réunions du comice de Fléville ne s'acheva sans que son cher souvenir fût évoqué comme celui de l'insigne bienfaitrice qui n'avait cessé d'être la *bonne dame* d'ici-bas que pour devenir l'ange tutélaire de là-haut. O les belles journées inoubliables! ô le bel usage de l'intelligence qui répand partout la lumière autour d'elle, de la richesse qui soulage toutes les misères, de la bonté chrétienne qui

sème l'amour et récolte l'amour! On dit que
vous êtes des rêves; nous avons vu de nos yeux
que vous êtes des réalités. Mais nous avons vu
aussi pourquoi et comment vous l'êtes ; nous savons à quelle source s'alimente votre fleuve inépuisable et limpide. Otez Dieu et son Église ;
ôtez le Christ, son Évangile et son Tabernacle,
vous tarissez la source, le fleuve cesse de cou-
ler, et « la question sociale », que nous avons
vue résolue à Fléville, devient partout un problème insoluble.

Fléville avait encore une autre fête annuelle,
plus chère peut-être que celle du Comice au châtelain et à la châtelaine parce qu'ils y goûtaient
plus immédiatement la joie et l'honneur de servir
le divin Maître en la personne de ses pauvres, —
le dîner qu'ils servaient aux pensionnaires des
Petites Sœurs des Pauvres. On en trouvera la
description plus loin, dans les pages spécialement consacrées à madame de Lambel. C'est là
aussi qu'on pourra lire quelques détails sur deux
œuvres excellentes qui eurent leur centre lorrain
à Fléville et qui complètent la vie rurale de son
mari, *l'Œuvre des campagnes*, et *l'Œuvre des
bibliothèques cantonales*. Elles leur ont été si
parfaitement communes à tous deux qu'il a semblé inutile de redire à propos de l'un ce qui avait
été déjà dit à propos de l'autre.

Et j'arrive enfin à celle de ses œuvres lorraines à laquelle il donna le plus de son cœur, de son temps, de son zèle infatigable, la Société de Saint-Vincent de Paul. Elle avait guidé ses premiers pas dans la carrière de la charité. Elle les soutiendra jusqu'à l'extrême vieillesse. Il est intéressant d'étudier ce qu'il fit pour elle entre ces deux termes extrêmes et comment ce fils paya à cette mère la dette sacrée de la reconnaissance.

Depuis sa fondation obscure en 1833, elle s'était développée avec une rapidité et une ampleur qui dépassait toutes les prévisions et toutes les espérances. Dans toutes les grandes villes de France et dans beaucoup de petites il s'était fondé des conférences qui, adoptant son nom et son règlement, se tenaient en communication avec son Conseil général. Toutes ensemble formaient un grand corps dont celui-ci était l'âme. Le Saint-Siège, en enrichissant la Société des plus précieuses indulgences, avait encore resserré le lien de cette unité ; car les Conférences nouvelles que chaque jour voyait naître ne pourraient participer à ce trésor qu'à condition d'être agrégées à la Société par le Conseil général. Et rien n'était plus nécessaire pour conserver l'unité d'esprit dans une œuvre qui prenait ces proportions *mondiales* et qui s'établissait dans des conditions si diverses. Laissées dans l'isolement, les Conférences, par la force des choses, auraient marché chacune de leur côté dans des routes qui seraient bientôt devenues divergentes. L'unité de règlement n'aurait pas suffi à maintenir l'unité d'esprit, car le règlement est une loi écrite qui se laisse plier en tous les sens qu'on veut s'il n'y a pas une autorité vivante qui l'interprète. Le Conseil général était, et est encore, et sera toujours cette autorité vivante. Sans lui le nom vénéré de saint Vincent de Paul finirait par couvrir une foule confuse d'associations incohérentes.

Mais, par suite de la multiplication du nombre des Conférences, sa tâche devenait écrasante et serait bientôt impossible à remplir. Comment pourrait-il se tenir constamment en contact avec elles? quels bureaux, quelle armée de secrétaires suffirait à tenir à jour une telle correspondance, à donner tant d'avis et tant de consultations, à répondre à tant de questions? et comment faire pour que cette œuvre fraternelle et charitable ne dégénérât pas en mécanique administrative?

La question fut résolue de la manière la plus simple et la plus pratique en établissant entre le Conseil général, unité suprême, et la multiplicité indéfinie des Conférences, des unités intermédiaires appelées Conseils centraux dont la juridiction s'étend sur les Conférences d'une circonscription déterminée, province ou diocèse. Ces Conférences ne correspondent qu'avec lui, et lui avec le Conseil général. C'est lui qui reçoit les demandes d'agrégation et, après enquête, les transmet avec son avis motivé, lui qui consulte le Conseil général sur toutes les difficultés qui peuvent se présenter, lui, enfin et surtout, qui doit tendre tous ses efforts vers l'accroissement du nombre et de la prospérité des Conférences de son ressort.

Le Conseil central de Nancy, comprenant dans sa circonscription les trois départements de la Meurthe, de la Meuse et des Vosges, fut constitué en 1845 ; et depuis sa fondation jusqu'en 1903 il n'eut pas d'autre président que M. de Lambel. Admirablement secondé par les membres de ce Conseil et en particulier par M. Vagner, l'excellent secrétaire général, il donna à l'Œuvre un élan extraordinaire. On ne s'étonnera pas qu'il ait porté son principal effort vers sa diffusion dans les campagnes où l'établissement d'une Conférence de Saint-Vincent de Paul rencontre plus de difficultés que dans les villes. Le nombre est moindre des personnes qui peuvent en faire partie. Parmi celles-là, plusieurs n'aiment pas à se déranger et répondent aux premières ouvertures ou que la chose est impossible, ou qu'elle est inutile. Pour vaincre les objections, pour faire comprendre qu'il y a partout du bien à faire, des malades à visiter, des détresses soudaines à secourir, des enfants à patronner, bref quelqu'une de ces œuvres sans nombre à aucune desquelles la Société de Saint-Vincent de Paul n'est étrangère, il faut revenir plusieurs fois à la charge avec ce « doux entêtement » qui était une des meilleures armes de M. de Lambel. De fait il réussit là où avant lui on n'avait pas même essayé. Sous son impulsion le nombre des Conférences rurales alla croissant; il était de plus de trente en 1859 dans les trois diocèses de la circonscription du Conseil central.

Mais il ne suffisait pas de les avoir établies; il fallait y entretenir la vie. Ces jeunes branches, encore un peu frêles, avaient besoin de puiser la sève à un rameau plus fort qui la recevait lui-même du tronc et de la racine. Et c'est à quoi le président du Conseil central de Nancy veillait avec une extrême sollicitude; soit par ses collègues, soit surtout par lui-même, il conservait soigneusement le contact avec elles, tantôt au moyen de visites, tantôt par une correspondance assidue, achevant ainsi l'éducation charitable de confrères encore un peu novices, et les pénétrant de plus en plus du véritable esprit de saint Vincent de Paul.

Ce n'est pas tout. A la suite de la retraite annuelle dont les exercices ne pouvaient guère être suivis que par les membres domiciliés à Nancy ou dans sa banlieue immédiate, l'initiative personnelle de M. de Lambel avait institué une journée merveilleusement conçue pour resserrer les liens de la fraternité chrétienne entre tous les membres de la famille lorraine de saint Vincent de Paul. Après la messe de communion générale, les présidents ou délégués de toutes les conférences se rendaient à Fléville. On déjeunait ensemble; puis se tenait une séance intime et familière où l'on passait en revue chacun des groupes charitables, mettant en commun les bonnes idées et les expériences heureuses, relevant par d'encourageantes paroles les cœurs abattus ou engourdis, s'excitant mutuellement à mieux faire, et goûtant la joie exquise de se sentir en union toute faite et toute fraternelle avec des gens qu'on n'avait jamais vus. Après de longues promenades dans le parc on rentrait à Nancy pour des agapes auxquelles tous les confrères présents étaient invités à prendre part. On payait son écot; mais il était tacitement convenu qu'un confrère avait le droit de payer pour deux ou pour trois autres moins en fonds. Et le prix était si modeste que le cuisinier aurait été en gros déficit si une subvention anonyme, dont on devinait l'origine, ne l'eût fait rentrer dans ses frais. Ce banquet était la cordialité même, tant on s'y sentait en famille; et tous ceux qui ont eu l'heureuse fortune d'y prendre part en conservent après plus de quarante ans le plus charmant souvenir. Les causeries s'y engageaient agréable-

ment et utilement ; mais les discours n'y avaient
qu'une part assez brève, car il n'y avait pas de
temps à perdre pour se rendre à la réunion du
soir, celle-ci très solennelle et où l'assistance
était toujours fort nombreuse. Un rapport sur
les œuvres de la Société pendant l'année, une allocution du président qui eût préféré s'effacer tout
à fait, mais qui n'hésitait pas à payer de sa personne, quelquefois, — et c'était un régal, — une
aimable et spirituelle causerie de M. Fèvre, président des conférences de Metz, venu tout exprès
pour apporter aux Nancéiens l'affectueux salut de
l'illustre voisine mosellane, enfin la parole de
l'évêque ou de quelque prêtre éminent qui laissait à l'auditoire « le bouquet spirituel » de la
journée, remplissaient cette séance d'où nul ne
sortait sans emporter une provision d'émotions
très douces et de résolutions généreuses.

Survint un gros orage qui a laissé dans le souvenir des survivants de ce temps-là une impression très pénible. Le gouvernement de Napoléon III, comme si une mouche l'eût piqué,
s'imagina que la pacifique Société de Saint-Vincent de Paul, qui de sa vie n'avait fait de politique ni n'en voulait faire, était un péril pour
l'Empire et presque une conspiration perma-
nente. Et il supprima par décret les deux éléments
essentiels de son organisme, le Conseil général
et les Conseils centraux. M. de Persigny fut

l'instigateur de cette mesure qui éclata comme une bombe et qui fait tristement sourire aujourd'hui, car elle donne bien la mesure de la clairvoyance politique qui l'inspira et du tact avec lequel le Second Empire, à partir de la « question romaine », sut reconnaître ses vrais dangers et ses vrais ennemis. Mais au moment où le coup fut porté, il fut très douloureusement ressenti. La suppression du Conseil général nous apparut à tous comme la désorganisation de l'œuvre. Et celle des Conseils centraux nous fit prévoir la mort prochaine de presque toutes nos jeunes sœurs rurales. M. de Lambel fit l'impossible pour les sauver en continuant de correspondre personnellement avec elles. Mais ne parlant plus qu'en son propre nom, il ne pouvait plus le faire avec la même autorité. Malgré tous ses efforts, plusieurs petites conférences s'étiolèrent et moururent. Et le mal était fait lorsque, quelques années après, le gouvernement impérial, s'apercevant tardivement de sa lourde bévue, laissa tomber la mesure tyrannique et les Conseils se reconstituer. Du moins, pendant la tempête, le capitaine était resté à son bord.

Arrêtons ici la liste des œuvres lorraines. Elle pose de nouveau un problème que nous avons déjà rencontré : comment M. de Lambel a-t-il pu faire tenir tant de choses dans ses journées,

et cela sans écourter les heures dues aux exercices pieux et à la vie spirituelle, sans se murer
comme un reclus, sans supprimer ni la vie de
famille ni les commerces d'amitié, ni les devoirs
d'hospitalité?

Il avait trois secrets pour y réussir : ordonner
son temps, ne pas perdre une seconde, mener
d'un bon pas, — *rondement,* eût dit saint François de Sales, — les choses dont il avait accepté
la direction. Le premier secret était chez lui un
don naturel dont il avait su faire une vertu. Le
second était un sacrifice ; ce n'est pas rien, dans
une vie humaine, que d'y supprimer ce qui pour
un écolier s'appelle récréation, et, pour un
homme de travail, détente; ces repos sont légitimes et semblent parfois nécessaires. Mais pour
certaines âmes obscurément héroïques, éprises
du saint amour « qui rend tout fardeau léger, »
le délassement et la détente sont dans la variété
même et dans le passage d'une œuvre à une
autre. Quant au troisième secret, voici un
exemple de la façon dont il savait le mettre en
pratique. Une fois au moins par semaine il allait
passer l'après-midi à Nancy pour y présider des
réunions qui se succédaient d'heure en heure
sans autre intervalle que le temps strictement
nécessaire pour se rendre de l'une à l'autre. Il
commençait juste à l'heure indiquée par la con-
vocation; ce que sachant, tout le monde était

exact. Il abordait ensuite, l'un après l'autre, les numéros d'un ordre du jour soigneusement préparé ; et la discussion s'ouvrait sans que jamais il la laissât s'égarer. Il ne la pressait jamais indiscrètement, mais il avait l'art de la faire marcher et de la faire aboutir. On faisait ainsi de bonne et rapide besogne. Et le Président arrivait le premier à la réunion dont le tour venait ensuite.

Ce fut ainsi qu'il parvint à mener tant de choses à la fois, celles que nous avons dites, celles qui nous restent à dire, celles qui ont été connues de Dieu seul.

Et puisque ce chapitre porte le nom de Fléville, comment ne pas redire qu'il trouva encore, — *qu'ils trouvèrent*, madame de Lambel et lui, — le temps d'y être d'incomparables hôtes ? Tous ceux de leurs amis qui ont connu les douceurs de l'hospitalité de Fléville en revenaient comme embaumés et en conservaient longtemps le parfum noble et pur. Leurs lettres, que nous avons sous les yeux, en portaient le témoignage ému et ravi. Leur cœur en pensait beaucoup plus que n'en disait leur plume qui n'osait aller jusqu'au bout de ses effusions.

Ce qui faisait le charme de cette hospitalité, ce n'était certainement pas le luxe ; car il n'y avait rien de plus simple. Ce n'était pas l'agitation des fêtes perpétuelles dont il semble à plusieurs

qu'on ne puisse se passer à la campagne sans y
périr d'ennui ; car il n'y avait rien de plus paisible. Qu'était-ce donc ? C'était le spectacle même
de cette paix sereine dont on était enveloppé
comme d'une atmosphère ; c'était le contact de
ces deux grandes âmes auprès desquelles on se
sentait vivre d'une vie supérieure ; c'était, dans
la plus parfaite liberté, l'aimable sollicitude du
maître et de la maîtresse de maison pour que la
vie dans le vieux château fût agréable et souriante à leurs hôtes ; c'étaient les longs entretiens
commencés sans but précis, comme des promenades où on se laisse conduire par ses pas, mais
où l'on était toujours sûr de rencontrer des idées
fécondes, des sentiments délicats, d'intéressants
retours sur le passé, de belles perspectives ou-
vertes sur l'avenir. Auprès des personnes âgées,
par exemple auprès de la vénérable comtesse de
Gontaut, il n'y avait rien de plus filial. Auprès
de la petite jeunesse, que ce ménage sans enfants
aimait à attirer et à retenir, il n'y avait rien de
plus paternel et de plus maternel, rien de plus
ingénieusement inventif pour lui procurer d'aimables et instructifs plaisirs.

Le soir, maîtres et serviteurs avaient coutume
de faire la prière en commun dans la charmante
chapelle où le Dieu caché résidait toujours ; et ce
pieux usage n'était point interrompu quand il y
avait du monde. On s'y rendait sans bruit, ne

voulant exercer sur les visiteurs étrangers aucune ombre de contrainte. Mais ceux-ci suivaient
d'eux-mêmes ; et la voix des assistants répondait
à la voix du chef de famille dans une fraternité
d'âmes qui ne se retrouve pas ailleurs. Que ces
fins de journées étaient belles ! quelle valeur
elles donnaient aux heures qui les avaient précé-
dées ! et comme on comprenait, en se séparant
pour le repos, à quelle source étaient puisés les
trésors de charité et de bonté qui s'épanchaient
à Fléville !

CHAPITRE VII

Les discours et les écrits.

M. de Lambel dépensait *tout* au service de
Dieu et des hommes, sa fortune et son influence,
son activité et son cœur. Il y dépensa aussi sa
parole et sa plume, mettant l'une et l'autre au
rang des *talents* que le Père de famille confie à
ses serviteurs pour les faire fructifier.

Nous en avons déjà fait entrevoir quelque
chose. On se souvient de l'impatience avec laquelle ses enfants de Saint-Jean attendaient *ses
histoires*. Et quelques modestes pages de comptes
rendus ou de prospectus ont témoigné de la
clarté, de la précision et de la bonne grâce avec
lesquelles il savait exprimer ses pensées par
écrit.

I

Ces deux aspects de sa vie méritent d'être regardés d'un peu plus près.

Mais si nous voulons les comprendre, nous ne devons pas oublier que la parole et la plume n'ont jamais été pour lui autre chose que des moyens de faire du bien, de prolonger et d'étendre son action chrétienne et charitable. Toutes ses œuvres qu'on pourrait appeler littéraires, tous ses discours, tous ses livres n'ont voulu être que *des bonnes œuvres*. La théorie de l'art pour l'art, celle qui s'inquiète peu du fond pourvu que la forme soit belle, a été exactement le contre-pied de la sienne. La pensée de la gloire et du renom personnel lui a été, s'il se peut, plus étrangère encore. Il souhaitait ardemment le succès pour les bonnes causes qu'il avait à défendre, pour les saintes entreprises dont la propagation lui était confiée ; il s'en désintéressait absolument pour lui-même.

Quelques-uns, au début, n'en voulurent rien croire. La chose, en effet, est rare. Et ce qui est plus rare encore, c'est qu'on ait foi dans sa sincérité quand on la rencontre, tant on est généralement persuadé qu'elle est impossible. Quiconque agit par pur dévouement au bien public peut compter qu'on se demandera à quel mobile d'intérêt personnel il obéit. On ne trouvera pas ce mobile puisqu'il n'y en a pas ; mais longtemps, on aimera mieux penser qu'il existe et se cache que d'admettre qu'il puisse y avoir des gens assez naïfs pour agir par pur amour du bien, de Dieu et de l'humanité. Les vies comme celles que nous racontons sont ce qu'il y a de plus efficace pour redresser ce jugement trop injurieux à la nature humaine. Ceux qui ont voulu en expliquer les commencements par l'ambition personnelle ou politique, par le désir des honneurs ou par quelque autre motif où le *moi* se retrouve, sont bien obligés, quand elles sont achevées, d'avouer que l'oubli de soi et le dévouement sont pourtant quelque chose.

Cette disposition à chercher de vilains motifs sous les belles actions s'était, paraît-il, donné sourdement carrière lorsque M. de Lambel, depuis peu conseiller général, prit, — à peu près pour la première fois, — la parole en public à l'occasion de la séance solennelle de la Société de secours mutuels qu'il avait fondée dans le canton de Saint-Nicolas-du-Port (18 août 1859). *Pour la première fois,* disons-nous, car à Saint-Jean, si nombreux que fût l'auditoire, il ne parlait qu'en famille. Son succès fut très grand, comme en témoigne le compte rendu de l'excellent journal *l'Espérance.*

« M. de Lambel, président de l'œuvre, a ouvert la séance par un discours où l'élégante simplicité du langage le disputait à la sagesse des pensées. Sa parole vive, naturelle et sympathique, parsemée d'aperçus ingénieux et de traits d'histoire du plus heureux à-propos, a été constamment écoutée avec une attention recueillie, et chaleureusement applaudie. Une émotion profonde s'est manifestée dans tout l'auditoire lorsque, vers la fin de son discours, l'orateur, faisant allusion à quelques propos répandus naguère par la malveillance, s'est écrié, d'une voix forte et pénétrée : « Je voudrais, Messieurs, que
« vous pussiez tous lire sur mon front et dans
« mon cœur les pensées qui l'animent : vous
« verriez si un mobile politique quelconque a
« présidé, comme on a osé le dire, à la fondation
« de notre Œuvre. Elle était depuis longtemps
« dans mes vœux, ainsi que pourraient l'attester
« les amis que je compte dans votre ville. Je suis
« donc en droit d'être cru quand j'affirme que,
« dans cette circonstance comme toujours, je n'ai
« été mu que par le plus ardent amour de l'hu-
« manité et l'intérêt sacré des classes ou-
« vrières. »

Cette fière déclaration, que M. de Lambel ne faisait pas pour lui-même, mais pour l'honneur et le bon renom de l'œuvre dont il était l'apôtre, imposa silence à tous les propos malveillants. Et il

n'eut point à y revenir. Pendant tout le reste de
sa vie, presque commençante alors, la bienfaisante autorité de sa parole se doubla de toute la
foi respectueuse qu'on eut en sa personne.

Elle se fit très souvent entendre; et jamais elle
ne fut sollicitée en vain dans les multiples occasions où on la jugea utile au succès d'une bonne
œuvre chrétienne ou sociale. Mais nulle part elle
ne fut plus goûtée que dans ces assemblées
annuelles du Comice agricole où tout le monde
comptait sur elle comme sur le bouquet de la fête.
Et nulle part elle n'eut plus d'attrait, plus de
charme et plus de grâce aimable. C'est grand
dommage que les cadres seuls de ces allocutions
aient été conservés.

II

Sa carrière d'écrivain commença par une collaboration très active, que nous pouvons suivre
de 1847 à 1850, à *l'Espérance* de Nancy. Le
nom de ce petit journal de province, qui ne paraissait que tous les deux jours, revient pour la
seconde fois sous notre plume, et nous ne saurions nous dispenser de le saluer au passage
comme celui d'un des plus vaillants et des plus
intelligents défenseurs que l'Église catholique ait
comptés au dix-neuvième siècle. Fondé en 1845

sous le patronage de tout ce que Nancy comptait
de chrétiens éminents, il s'était donné pour tâche
spéciale de plaider la cause, non gagnée encore,
de la liberté d'enseignement. Il contribua pour sa
large part à en préparer le triomphe ; et, sur ce
terrain, il avait conquis, grâce au talent de ses
rédacteurs, une autorité comparable à celle des
grands journaux parisiens. Mais il ne s'enfermait
pas dans cette question unique ; dans tout le domaine politique, économique et social, on était
sûr de le trouver, toujours prêt à opposer, avec
une indiscutable compétence, les solutions chrétiennes, conservatrices, sagement libérales, aux
utopies socialistes et aux prédications révolutionnaires. M. de Lambel lui apporta le concours
assidu de son zèle et de ses lumières en tout ce
qui concerne l'amélioration matérielle et morale
des classes laborieuses, surtout dans les campagnes. Organisation du service médical, — mutualité, — assistance judiciaire, — remèdes contre
le paupérisme, — bienfaisance publique et charité privée, — prêts d'honneur, etc., il y traita
toutes ces questions et bien d'autres encore avec
autant de sûreté doctrinale que de sagesse pratique, en homme qui veut résolument aboutir et
pour qui l'enseignement par la presse n'est que
la préface de l'action prochaine, l'appel aux
bonnes volontés dont le concours était nécessaire
au succès de la bienfaisante croisade.

Plusieurs des *desiderata* que signalaient ces articles ont été remplis ; plusieurs des remèdes qu'ils proposaient au *mal rural* ont été heureusement appliqués ; et l'on a pu voir pour quelle part presque principale leur auteur y a contribué en Lorraine. On pourrait donc croire qu'ils n'ont plus qu'un intérêt historique et rétrospectif. A notre avis on se tromperait ; s'ils ont été utiles autrefois à la fondation des œuvres rurales, ils ne le seraient pas moins aujourd'hui à la conservation de leur existence et de leur esprit primitif. Leur réunion formerait un excellent *Manuel du patronage dans les campagnes*, et serait du plus grand secours à tous les propriétaires qui peuvent, — qui *doivent*, par conséquent, — exercer autour d'eux une action sociale et chrétienne.

III

Il ne se décida que plus tard, — sans doute par extrême défiance de lui-même, — à composer et à publier des livres dont au reste il ne parlait jamais, et pour lesquels nous ne croyons pas qu'il ait sollicité un seul article de revue ou de journal, à ce point que des amis ont pu passer dix ans auprès de lui sans en soupçonner l'existence. Ce serait presque à croire qu'il s'en cachait. Ce n'était cependant pas cela ; c'était simplement que, les écrivant presque tous pour les classes populaires, pour les ouvriers, pour les paysans, pour les apprentis de ses chers patronages, pour les bibliothèques roulantes des campagnes, il ne les jugeait pas dignes d'attirer l'attention des lecteurs plus cultivés qui auraient eu le droit de les juger comme des œuvres d'art. On ne peut guère s'expliquer qu'ainsi, et par sa fuite ombrageuse de tout éloge, l'excès de discrétion qui le rendit toujours muet à leur égard.

Il est permis de penser qu'il se trompait, — mais tout autrement que n'ont coutume de se tromper les auteurs, — sur le mérite de ses productions. Sans doute elles ne visent point à la perfection littéraire, aux grands effets d'éloquence, à la profondeur philosophique ou théologique. Leur seule ambition est de cultiver dans les âmes les bonnes semences que la nature et la grâce y ont déposées, qu'une première éducation chrétienne a commencé d'y féconder, mais que l'ivraie des mauvaises passions, des mauvais exemples, des mauvais livres menace d'y étouffer ; d'inspirer à tout lecteur sincère l'admiration, puis le désir, puis la volonté des vertus dont la source est dans l'Évangile ; de lui faire toucher du doigt, par toute l'expérience du passé, cette vérité souveraine : que l'amour de Dieu et du prochain est l'unique et infaillible secret du bonheur, non seulement du bonheur sans terme et sans nuage de la vie à venir, mais du bonheur fragile et mêlé d'épreuves qui nous est accessible dans la vie présente. Or c'est à quoi suffisent la sincérité de l'accent, la simplicité du langage, l'enchaînement clair des idées, en y joignant l'intérêt et l'animation du récit. Le divin Maître n'eut pas d'autres arts que ceux-là dans ses discours et dans ses paraboles. Le livre de l'Imitation, celui de tous les livres composés de main d'homme qui suit de plus près la trace évangélique, n'en a pas cherché d'autres. Les livres de M. de Lambel sont, si on ose le dire, de la même école.

Un petit nombre d'entre eux ont la forme didactique de réflexions et de conseils. Tous les autres sont des récits, tantôt étendus comme des monographies, tantôt rapides comme des anecdotes. Ces récits, empruntés à toutes les périodes de l'histoire depuis l'avènement du Sauveur, sont ou des modèles proposés à l'imitation des hommes de notre temps, ou des témoignages rendus à la divinité du Christianisme par l'incomparable beauté des vertus que seul il a fait éclore. Leur lecture est comme un commerce intime qui s'établirait avec ce que l'humanité, depuis l'Évangile et par l'Évangile, a produit de meilleur et de plus dévoué, de plus aimable et de plus vaillant dans tous les siècles, dans toutes les conditions, sous tous les climats. Rien n'est plus salutaire que la fréquentation de ces grandes âmes pures qui sont les vrais ancêtres et les vrais héros des nations chrétiennes. A ceux qui ont le malheur de ne pas croire elle inspire tout au moins une admiration étonnée qui les sollicite à chercher la cause et la source de vertus si hautes, et qui les conduira peut-être à la vérité par le noble attrait de la beauté morale. Aux croyants elle enseigne l'humilité et le courage, — l'humilité, par la comparaison de leurs vies médiocres avec ces vies sublimes, — le courage, en leur montrant qu'avec la grâce de Dieu il n'est pas un devoir dont la pratique soit impossible, et pas un obstacle qui ne puisse être victorieusement surmonté.

M. de Lambel s'en expliqua lui-même, avec une éloquence presque militaire, en tête d'un de ses ouvrages. Voici cette belle page qui pourrait être donnée comme préface à leur ensemble : « A la veille d'une bataille, les soldats aiment à écouter l'histoire des braves qui ont trouvé l'immortalité dans une mort héroïque. A l'exemple de ces soldats, les chrétiens, entrés dans la vie pour y combattre, désirent connaitre les actes de leurs devanciers sortis de ce monde, victorieux des ennemis de leur âme. Plus ces personnages ont été placés haut dans l'opinion publique, plus aussi est profonde l'impression que le récit de leurs actions peut laisser dans les esprits. Tels

sont ceux dont nous nous proposons de parler
dans ce livre. Leurs biographies doivent fortifier
les résolutions généreuses parce qu'elles donnent
de grands exemples et révèlent d'admirables
vertus. Puissent ces pages, destinées à raviver leur
souvenir, contribuer pour une petite part à faire
aimer le Dieu qu'ils ont si bien servi ! »

L'accueil que reçurent les premières publications de M. de Lambel lui fut un encouragement
à ne pas en rester là. Il y vit le signe que Dieu
voulait sa plume à son service et daignerait l'utiliser pour le bien des âmes. Il continua donc
d'écrire à intervalles assez rapprochés, et il a
laissé plus de vingt volumes de dimensions iné-
gales. Le dernier est daté de l'année même de sa
mort (1).

(1) Voici la liste de ses publications, aussi complète qu'il nous
a été possible de la reconstituer :

1. Marguerite de Lorraine (1862).
2. Les Amis des Ouvriers (1872).
3. Le bienheureux P. Fourier (1876).
4. Le Canada (1880).
5. Saint Jérôme (1880).
6. Illustrations d'Irlande (1889).
7. Où trouver le Bonheur? (1900).
8. Anecdotes édifiantes (1901).
9. Edifiants exemples (1902).

Sans date :

10. Biographies lorraines.
11. Sous la Commune : l'abbé Planchat.
12. Garcia Moreno.
13. Au Pays du soleil.

Ne pouvant songer à les analyser tous, nous voudrions du moins nous arrêter à quelques-uns qui suffiront à donner une idée des autres. Nous choisirons *le groupe lorrain* parce que les souvenirs et traditions de ce petit pays, qui garda si longtemps son indépendance et garde encore sa physionomie propre, lui étaient particulièrement chers, et parce qu'il attachait beaucoup de prix à remettre en mémoire son glorieux passé, insuffisamment connu des Lorrains eux-mêmes. Il se compose de trois ouvrages : *Biographies lorraines,* — *Marguerite de Lorraine, duchesse d'Alençon,* — *le bienheureux Pierre Fourier de Mattaincourt.*

Les *Biographies lorraines* forment un petit volume très documenté de 170 pages et présentent trois figures, un souverain, une héroïne, un religieux. Ce n'est pas un jugement téméraire de penser que pour la plupart des lecteurs ces trois figures ont l'attrait de l'inconnu.

Le souverain est Antoine, duc de Lorraine de

14. Le Christianisme au Japon.
15. Modèles de Charité.
16. Le bienheureux Jean de Montmirail.
17. M. Olier.
18. Lettres villageoises.
19. Frédéric Ozanan.
20. Le Général de Sonis.
21. Deux nobles Cœurs.
22. Saint Francois Xavier.

1508 à 1544, prince juste, bon, accessible, vraiment père de son peuple, vaillant chevalier qui
combattit auprès de Louis XII à Agnadel, auprès de François Ier à Marignan ; grand général
qui, avec 15.000 hommes, enfonça et dispersa
60.000 rustauds allemands, véritables apaches
du protestantisme, et sauva ainsi la France d'une
redoutable invasion d'anarchistes hérétiques ;
promoteur zélé de toute culture intellectuelle ;
fervent chrétien qui savait prêcher d'exemple.
Sa vie, également bienfaisante et brillante, est
contée avec une allure rapide, sans détails su-
perflus, mais avec les traits les mieux choisis
pour en évoquer la belle physionomie, si conforme à la vieille loi chevaleresque :

> Chevaliers en ce monde-cy
> Ne peuvent vivre sans soucy ;
> Ils doivent le peuple défendre
> Et leur sang pour la foy épandre.

La biographie, scrupuleusement historique, de
madame de Saint-Balmont (1607-1660), semble un
roman de cape et d'épée qui s'achèverait dans un
sanctuaire.

Cette jeune fille de noble naissance était entrée,
à dix-sept ans, par son mariage, dans une des
quatre illustres maisons qu'on appelait « les
grands chevaux de Lorraine », la maison d'Ha-
raucourt. Pour complaire à son mari, veneur

infatigable et grand batailleur, elle s'était formée
à tous les exercices de la chasse à cheval, au ma-
niement des armes, au commandement d'une
troupe. Sans le savoir elle se préparait ainsi à
une véritable mission dont elle s'acquitta pendant dix ans avec une bravoure, un sang-froid,
un coup d'œil militaire à peine croyables. C'était
le temps où la malheureuse Lorraine, étreinte
entre la France et l'Allemagne, servait de champ
de bataille et de passage aux armées des deux
nations. A la suite des troupes régulières venaient, comme des oiseaux de proie, les *partis*
de soldats d'aventure, vrais bandits qui vivaient
de rapines. Madame de Saint-Balmont, tandis
que son mari guerroyait ailleurs, entreprit de défendre contre ces déprédations son château et ses
paysans. Elle y réussit en trente rencontres dont
ses biographes ont fait le compte et donné le détail. Elle y apparaît comme une sorte de Bradamante qui ne recule devant aucune inégalité numérique, mais une Bradamante chez qui le
devoir de protéger ses vassaux remplacerait la
passion de l'aventure, une Bradamante qui saurait commander une petite armée et qui, le combat fini, deviendrait une sœur de charité. Or,
cette amazone était tertiaire de Saint-François
d'Assise et menait la vie austère d'une pénitente.
Elle était une apôtre et travaillait partout, en ces
temps de désordre et de licence, à la restauration

des bonnes mœurs ; elle était *la bonne dame* de
sa seigneurie et n'y laissait aucune misère sans
assistance. Et puis, devenue veuve, elle appendit
à la muraille ses armes que la paix rendait inutiles et entra comme novice chez les Clarisses de
Bar-le-Duc. Son dernier sacrifice fut de n'y pas
rester. Les médecins, à qui les rigueurs de cette
observance parurent meurtrières pour sa santé dé-
truite, la renvoyèrent mourir à son château. — Ce
serait une intéressante expérience à faire que de
raconter cette histoire, dans les termes mêmes du
biographe, devant un grand auditoire de jeunes
paysans, de jeunes ouvriers ou de jeunes soldats.
On peut compter que toutes les oreilles seraient
attentives et que, le récit achevé, les applaudis-
sements seraient des acclamations.

Enfin *le religieux* (1617-1669) est un grand
seigneur qui, dans la force de l'âge, devint Jé-
suite après avoir été fort hostile aux Jésuites, et
fit succéder neuf années d'humilité, de renoncement, de mortifications héroïques, non pas,
comme il arrive quelquefois par brusque réac-
tion, à une vie de désordres, mais à une vie
humainement très honorable que les splendeurs
et les attraits du monde absorbaient trop aux
dépens des intérêts supérieurs de l'éternité. Ce
fut une évolution plutôt qu'une révolution ; et
c'est dans le texte du biographe qu'il faut étudier

les conditions exceptionnelles dans lesquelles le marquis de Beauvau fit place au P. de Beauvau.

Marguerite de Lorraine (1463-1521) est une des plus pures gloires de la maison ducale sur laquelle le bon duc Antoine devait répandre tant de lustre. En écrivant son histoire, M. de Lambel voulut faire revivre quelques-uns des plus nobles souvenirs de sa terre natale; mais il voulut plus encore y faire admirer dans un de ses chefs-d'œuvre l'action féconde du Christianisme et de l'Église.

Descendante de saint Louis, Marguerite de Lorraine reproduisit, en effet, dans une situation moins éclatante, mais très brillante encore, les vertus publiques et privées de son grand aïeul, ses qualités d'homme d'État, son dévouement sans bornes au bien de ses peuples, son persévérant effort vers la perfection intérieure, et cela dans un temps où l'influence païenne de la Renaissance, s'exerçant déjà partout, s'étalait surtout dans les cours. L'histoire, trop friande de scandales, a reproduit avec complaisance les tableaux de cette corruption élégante et lettrée du seizième siècle; elle a trop laissé dans l'ombre le contre-courant de vies sans tache et de hautes vertus chrétiennes qui n'y fut jamais interrompu.

C'est donc aussi un service rendu à la vérité historique de remettre en lumière quelqu'une de

ces grandes figures qui, dans les temps les plus
mauvais, ont continué les belles traditions des
meilleures époques. Celle-ci était digne de figurer dans la galerie réservée aux purs qui n'ont
laissé que des exemples sans tache et n'ont passé
sur la terre que pour y faire du bien. Jeune fille
jusqu'à vingt-cinq ans, elle n'usa de son influence princière à la cour de Nancy et de l'autorité que lui donnait sa haute culture intellectuelle, que pour faire aimer et respecter la piété
et la charité chrétiennes. Mariée au duc d'Alençon,
elle fut le modèle des épouses; et la confiance
de son mari l'associa dès le premier jour aux
sollicitudes de son gouvernement. Veuve après
quatre ans du plus heureux mariage, « elle eut à
porter, avec le poids de sa douleur, le double
fardeau de la tutelle de ses enfants et de l'administration de ses États. » Elle suffit à l'une et à
l'autre tâche avec une hauteur d'esprit, une persévérance, une application extraordinaires. Elle
s'attacha à former en son fils, pour lequel elle
était régente, non seulement l'homme et le chrétien, mais le prince; et après sa majorité elle
continua encore, sous forme de conseils, les leçons qu'elle lui avait données sous forme
d'exemples. Comme régente, elle voulut avant
tout se tenir « en relations fréquentes et personnelles avec les habitants de son duché; elle pensait qu'aucune surveillance ne devait remplacer

la sienne ; et pour l'exercer plus complètement, elle voulut visiter les différentes parties de ses États. Elle s'arrêtait dans les villes et même dans les villages où sa présence lui paraissait utile, donnait audience à ses vassaux, recueillait les plaintes et les désirs, réformait immédiatement les abus, rendait la justice en plein air, portant partout cette pénétration et cette rectitude d'esprit qui formaient les traits saillants de sa haute intelligence. Les bons résultats de sa première tournée l'encouragèrent à la renouveler souvent sans se laisser arrêter ni par la rigueur des saisons, ni par le mauvais état des chemins, ni par la faiblesse de sa santé. Elle savait que les princes répondront devant Dieu du mal qu'ils auraient pu empêcher. Aussi s'efforçait-elle de bien choisir les dépositaires de sa confiance, et de donner le pouvoir aux plus dignes. Elle réprimait une première faute avec fermeté, mais la récidive la trouvait inflexible (1). »

Ayant rétabli l'ordre dans les finances, introduit dans la législation d'utiles réformes, favorisé le développement de l'instruction et de l'éducation chrétienne dans les villes et dans les campagnes, elle remit le pouvoir entre les mains de son fils déclaré majeur. A partir de ce moment, elle put donner librement carrière à son

(1) P. 54-57.

zèle ardent pour la prière, pour le soulagement
des pauvres, pour l'assistance des malades
qu'elle soignait avec d'autant plus d'amour que
leurs maux étaient plus répugnants, surtout
pour la conversion des pécheurs et le salut des
âmes. Après plusieurs années de cette héroïque
existence, elle vit devant elle un dernier pas à
faire. En 1519, elle sollicita, comme une grâce,
la faveur d'entrer dans l'ordre des *Pauvres Dames
de Sainte-Claire* qui suivaient la règle de Saint-
François d'Assise. Là seulement elle put satisfaire sa soif d'humilité, de mortification et d'o-
béissance. Elle y vécut deux ans encore dans
l'exercice de ces vertus que le monde ignore ou
méprise, mais auxquelles le divin Maître a promis ses plus belles couronnes.

Aucun des ouvrages de M. de Lambel n'a été
écrit avec plus d'amour que sa « Vie du bienheureux Pierre Fourier, curé de Mattaincourt »,
parce qu'aucune vie ne répondait mieux à son
idéal de sainteté bienfaisante et d'action morali-
satrice de la religion dans tous les milieux sociaux, mais particulièrement dans les campagnes. Nul homme loyal, fût-il à mille lieues
de toute idée chrétienne, fût-il un ennemi déclaré
du christianisme, ne saurait lire ce livre de la
première à la dernière page sans une sorte de
stupeur admirative et, malgré lui, sympathique.

Voilà un homme pourvu de tous les dons de la
nature et de la culture, beau, séduisant, savant,
éloquent,

Jeune, charmant, traînant tous les cœurs après soi,

qui, depuis son enfance jusqu'à l'extrême vieillesse, ne pense à lui-même que pour « châtier son
corps et le réduire en servitude »; qui choisit
partout la dernière place; qui, entré dans la vie
sacerdotale, préfère le poste de curé de campagne
aux plus brillants emplois; qui supporte avec
une mansuétude inaltérable les plus violentes
injures; qui sans cesse expose sa vie et compro-
met sa santé, comme le bon pasteur de l'Évangile, dès qu'il y a une misère à soulager, une âme
à sauver, une déchéance morale à relever; qui
parvient en quelques années à faire, d'une paroisse atteinte par l'hérésie et les mauvaises
mœurs, un modèle de foi, de piété et de vertus;
qui réussit à réformer un de ces ordres religieux
dont le relâchement faisait le scandale des gens
de bien, et à fonder pour l'enseignement populaire une admirable congrégation de femmes, encore florissante dans les deux mondes; qui trouve
le temps de diriger beaucoup d'âmes par une correspondance dont on ferait vingt volumes; qui,
condamné par sa fidélité à ses princes à un exil
volontaire, reprend à soixante-quinze ans le bâton
de pèlerin et de missionnaire pour évangéliser

des étrangers ; qui meurt à la peine en serrant son crucifix dans ses mains. Il n'y a pas à dire que ce sont des fables, car ce sont des faits historiques. Il n'y a pas à dire que c'est de l'exaltation, car aucun esprit n'a été plus pondéré, et, d'ailleurs, l'exaltation ne dure pas soixante ans. Il n'y a pas à dire que c'était son goût et que chacun prend son plaisir où il lui convient ; car ces goûts-là ne sont point dans la nature. Et si, en désespoir de cause, on se réduit à dire que c'était de la folie, on dira bien, mais à condition d'ajouter que c'était *la folie de la Croix*. Et cela reviendra à confesser que de telles vies démontrent la divinité du principe qui les a inspirées.

CHAPITRE VIII

Amitiés et correspondances.

I

Lorsque le jeune Alexandre de Lambel fit ses premiers pas dans la carrière des œuvres lorraines, Nancy était, depuis plusieurs années déjà, un centre très important d'action catholique. Nulle part en dehors de Paris le grand mouvement intellectuel, moral, social de renaissance chrétienne ne s'accentuait avec plus d'élan et de vaillance que dans cette petite capitale qui, en devenant française, n'avait rien perdu de son autonomie d'autrefois.

L'histoire de cette « résurrection d'une ville » a été contée tout au long dans un chapitre exquis d'un charmant livre (1). Aucun nom propre n'y

____

(1) *Çà et là*, par Louis Veuillot (t. I, l. III, p. 127-181).

est donné, pas même celui de la « ville ressusci-
tée », mais les portraits sont d'une si frappante
et si aimable ressemblance que les noms venaient d'eux-mêmes aux lèvres de tous ceux qui
ont vécu en ces temps lointains.

Ce groupe, au milieu duquel rayonna pendant
longtemps la grande figure du Père Lacordaire,
était vraiment de la beauté la plus rare. Par la
pureté morale de la vie, par la fraternelle union
des âmes, par la haute culture de l'esprit, par la
charité généreuse, par le dévouement aux deux
causes solidaires de la Patrie et de l'Église, ces
hommes, jeunes pour la plupart, quelques-uns
déjà mûrs (et ce n'étaient pas les moins ardents),
étaient bien de ceux que Montalembert, à la
même époque, appelait fièrement les *fils des Croisés*. Il n'y avait rien *de moins provincial*, si
l'on met sous ce mot une somnolence presque
figée, une étroitesse d'esprit qui, ne sachant
point s'étendre aux vues et aux questions générales, tourne toujours dans le même cercle borné
de petits intérêts et de petits bavardages ; car
nulle part on ne s'attachait avec plus de passion
aux grands problèmes et aux grands intérêts de
la vie moderne. Et il n'y avait rien *de plus provincial*, si l'on entend la fidélité aux meilleures
traditions du passé, le constant effort pour en
ranimer les souvenirs et en ressusciter les gloires,
le patriotisme local qui donne au patriotisme na-

tional ses plus profondes assises ; car ces Français de qualité supérieure entendaient bien, en dépit des découpages départementaux imaginés par la Révolution, demeurer en même temps des Lorrains.

Dans ce milieu si digne de lui, Alexandre de Lambel fut d'emblée accueilli comme un frère. On se rencontrait dans tous les bons endroits : à la Société *Foi et Lumières*, où des hommes de foi mettaient en commun leur travail et leurs lumières pour défendre l'Église sur les hauts terrains de la philosophie, de la science et de l'histoire, — aux bureaux du journal *l'Espérance* où chacun apportait des contributions dont l'ensemble formait une rédaction de premier ordre ; nous savons déjà ce qu'y fut l'active collaboration du jeune vicomte qui signait modestement *A. de Lambel, docteur en droit*, — à la Société de Saint-Vincent de Paul, déjà florissante à Nancy et à laquelle ne manquait qu'une diffusion plus large *extra muros*. On était vraiment un bataillon sacré où l'amitié, dans ce qu'elle a de plus doux, et la fraternité d'armes, dans ce qu'elle a de plus vaillant, formaient entre les âmes un double et indestructible lien.

Et on était aussi *une école*, car on avait un chef, premier initiateur du mouvement et pour lequel tous conservaient une déférence de disciples, homme d'action, homme d'esprit, causeur incomparable, sachant tout, cœur d'or, fervent chrétien après avoir été longtemps incrédule, ne ménageant jamais ni son temps ni sa peine quand il s'était épris de quelque idée généreuse. Il en eut beaucoup dans sa longue carrière. Mais il en eut deux principales auxquelles, directement ou indirectement, se rapportaient toutes les autres : l'idée chrétienne avec toutes ses applications sociales et charitables, — et l'idée lorraine. Né dans une autre province, mais fixé à Nancy par son mariage, le baron Guerrier de Dumast s'était épris d'un enthousiaste et communicatif amour pour son pays d'adoption. A la lettre il révéla la Lorraine aux Lorrains. Et il fut pendant plus de trente ans l'âme de toutes les grandes choses, heureusement conservées, qui ont donné à son cher Nancy une place à part entre les villes françaises. Ceux qui l'ont connu lorsque son automne était encore un été ont conservé comme un éblouissement de son brillant esprit. Ceux qui l'ont suivi dans les longues et douloureuses épreuves de sa vieillesse ont admiré plus encore la douce et pieuse sérénité de ses derniers jours.

Il ressentit dès le début un vif attrait pour le jeune maire de Fléville, rapproché de lui, malgré l'inégalité des âges, par la communauté des idées chrétiennes et des pensées lorraines. Il fut de ceux qui devinèrent madame de Lambel avant

de la connaître et pressentirent sa féconde collaboration à tout le bien qui déjà rayonnait de Fléville. « Je suis heureux, cher ami, écrivait-il à
la veille de leur mariage, de vous voir sur le
point *de l'être*. La Lorraine n'y perdra-t-elle pas ?
Pourrez-vous continuer à nous accorder autant
de mois chaque année ? Tâchez de veiller à nos
intérêts ; nous sommes si pauvres ! Au lieu de
nous enlever un de nos bons ouvriers, amenez-
nous une jeune sainte. Certainement nous prie-
rons pour vous. Moi, d'abord, je ne suis guère
plus bon qu'à cela ; heureux si j'y étais bon ! si
j'avais beaucoup de foi et d'amour ! »

Vingt-cinq ans après, ayant fait l'expérience de
ce dont il avait eu la seconde vue, il écrivait ces
lignes adressées à *lui* mais que sa pensée appliquait également à *elle* : « Chaque fois que je
vous vois, mon cher comte, je regrette de ne pas
vous voir davantage ; car votre présence fait du
bien. Il s'attache à votre personne, et pour ainsi
dire à vos habits, quelque chose de cette atmosphère de vertu dans laquelle on respire au château de Fléville. On sent que nos sermons, vous
les réalisez d'avance ; — que nous sommes les
théoriciens, et vous les praticiens. »

Nous ne détachons que ces courts passages
d'une longue correspondance qui mériterait
d'être lue tout entière. Il est intéressant et touchant d'y voir les deux amis passer sans transi-

tion des grandes questions d'intérêt général à ce qu'il y a de plus modeste et de plus individuel dans la pratique des bonnes œuvres, un orphelin à élever, une pauvre vieille à soulager, une âme à relever ou à ramener à Dieu. Mais nous pouvons à peine esquisser des profils, et nous nous serions moins arrêté à celui-ci si sa rare et charmante originalité ne nous avait retenu.

Il y avait là encore trois jeunes hommes qu'on appelait volontiers les trois Horaces tant ils étaient frères en toutes choses, surtout dans toutes les choses bonnes et belles, Maurice de Foblant, Alexandre de Metz-Noblat, Edmond de Vienne.

Le premier fut un sage et un homme de bien dans le sens profondément chrétien qu'on ne donne pas toujours à ces deux grands mots. Jeune député à l'Assemblée nationale de 1849, il n'y gagna que quelques jours d'emprisonnement au Mont-Valérien lors du coup d'État. Et il fut ensuite *un homme qui ne fait rien...* rien que du bien partout autour de lui. Il n'eut jamais d'autre famille que sa sainte et aimable mère qu'il entoura du culte le plus tendre, et les enfants de sa sœur pour qui sa sollicitude fut plus que d'un oncle. Il vivait pour autrui, s'oubliant lui-même. *Autrui*, ce n'étaient pas seulement les siens. Ce n'étaient pas seulement l'Église et la

France, qu'il servait de tout son pouvoir par son action personnelle. C'étaient aussi les pauvres. Cette humble clientèle fut un de ses plus chers liens avec Alexandre de Lambel, président de la Conférence de Sainte-Valère lorsqu'il était lui-même député. Lui écrivant le 6 septembre 1849 pour s'excuser de son inassiduité forcée aux séances, il ajoutait : « Assignez-moi cependant, très cher ami, deux ou trois familles à visiter hebdomadairement. Il n'en manque pas, dit-on, au Gros-Caillou, quartier de misères, d'Invalides et de Représentants. Tout cela se tient. » — Quarante ans plus tard, il lui adressait, de la maison des Frères de Saint-Jean-de-Dieu, ces lignes courageuses et touchantes qui témoignaient de sa confiance dans l'efficacité des prières du vieil ami : « Priez beaucoup pour moi, et surtout jeudi prochain, jour auquel l'excellent docteur G... prétend me débarrasser de ce qui m'a fait si longtemps souffrir. Quelle folie, à mon âge, de tenter pareille aventure ! Priez, non pour que je guérisse, mais pour que Dieu me fasse la grâce de rester *jusqu'au bout* absolument soumis, *quoi qu'il arrive*, à sa sainte volonté. »

A la différence de Maurice de Foblant, qui était presque un solitaire et dont l'âme très chaude s'enveloppait d'une froideur apparente, Alexandre de Metz-Noblat était le plus brillant et le plus séduisant des hommes du monde. A l'entendre dans un salon on aurait pu deviner qu'il était un charmant écrivain, mais on n'aurait pas soupçonné qu'il était un savant et profond économiste. Il l'était cependant, quoique sans rien de ces allures qui donnent à l'économie politique, chez quelques-uns de ses maîtres, je ne sais quelle physionomie tantôt de science occulte réservée à de rares initiés, tantôt de statistique sèche à mettre les gens en fuite. La sienne, fondée sur des faits et sur des principes, sait qu'il y a d'autres faits que ceux de l'ordre matériel, d'autres principes que les axiomes arithmétiques, d'autres richesses que le blé, le fer et les écus. Et dans son beau livre *les Lois économiques*, elle aboutit finalement aux maximes de l'Évangile. Plus activement mêlé à la vie publique et politique qu'aucun autre de ses amis, collaborateur assidu de l'*Espérance* pendant les premières années, plus tard du *Correspondant*, il apportait aux luttes politiques et religieuses, avec quelques illusions libérales que les événements n'avaient pas encore eu le temps de dissiper, la courtoisie d'un gentilhomme, la loyauté d'un chevalier, une soumission parfois très méritoire aux décisions finales de l'Église. Il mourut en 1871 pendant l'occupation allemande ; et ceux qui furent les fidèles compagnons de ses derniers jours purent dire avec vérité qu'il mourait des douleurs de la patrie. Il était très aimé à Fléville dont la paisible et pieuse atmosphère apportait un doux repos aux agitations de sa vie militante. Il savait qu'on y pratiquait la meilleure des économies politiques, et il trouvait profit à y prendre des leçons de la science qu'il enseignait ailleurs.

Une intime alliance de famille resserrait encore l'étroite amitié qui unissait Alexandre de Metz-Noblat à Edmond de Vienne. Celui-ci, fils d'un conseiller à la Cour de Nancy et possesseur d'une belle fortune, avait accepté par pur dévouement les modestes fonctions de juge de paix à Nancy, à cause du bien qu'il voyait qu'on y pouvait faire. Jouissant d'un respect et d'une sympathie universels pour ses hautes vertus chrétiennes et pour le charme de ses qualités sociales, marié à une femme digne de lui, voyant grandir à son foyer des enfants pleins de promesses, rien ne lui manquait pour le bonheur terrestre. Il mourut à quarante ans. Et il fit à la mort, qu'il vit venir de loin, l'accueil qu'on lui sait faire quand toute la vie en a été la préparation. Entouré des siens en larmes, il leur fit, en pleine possession de lui-même, des adieux d'une sérénité merveilleuse et des recommandations qui semblaient venir déjà du ciel et qui ne furent point oubliées.

L'aîné de ses fils devait être plus tard le cher

lieutenant et le digne successeur de M. de Lambel dans ses œuvres lorraines. Et j'en dirais autant du fils d'Alexandre de Metz-Noblat si je ne m'étais interdit de nommer les vivants.

Enfin le groupe serait trop incomplet si nous n'y placions le robuste ouvrier dont *Çà et là* donne la photographie vivante : « Voyez ce personnage : il a besoin de gagner sa vie et celle de sa famille; il n'a de fortune qu'une petite place dont les esprits forts menacent de le priver; il s'est donné sept ou huit heures de labeur par jour pour la charité. Il connaît tous les pauvres de la ville, il est la cheville ouvrière de toutes les œuvres, secrétaire de Saint-Vincent de Paul et de Saint-François Régis, organisateur de la loterie, quêteur inévitable, directeur de l'imprimerie, caissier, gérant et rédacteur de l'*Espérance*, gros, rond, rude parce qu'il n'a pas de temps à perdre, prêt à tout ce qui est bon, bon à tout ce qui est bien. » C'était Vagner dont le nom n'est pas près de s'éteindre en Lorraine. Pendant la saison d'été M. de Lambel et lui étaient en contact presque quotidien; le président et le secrétaire du Conseil central de Saint-Vincent de Paul ne faisaient rien l'un sans l'autre; tels un commandant de corps d'armée et son chef d'état-major, quand ils s'entendent et n'ont point de secret l'un pour l'autre. N'est-ce pas une des

belles formes de l'amitié? Un ancien a dit :
« Vouloir les mêmes choses, combattre les mêmes
choses, c'est, au fond, la vraie et solide amitié. »
Le comte et l'imprimeur voulaient les mêmes
choses : le règne de Dieu, le soulagement des
misères, le salut des âmes. Ils combattaient les
mêmes choses : le règne du mal, l'égoïsme, la
perte des âmes. Et c'était bien la vraie et solide
amitié.

J'éprouve, en achevant ces rapides esquisses,
un sentiment que je ne parviens pas à garder
pour moi tout seul.

Si elles tombaient sous les yeux de la foule,
hélas! innombrable, pour qui Dieu n'est qu'une
fable et l'idéal qu'une chimère, ces lecteurs-là
n'y voudraient pas voir des réalités, surtout des
réalités contemporaines. Est-ce que cela est vrai?
diraient-ils, est-ce que cela est possible ? Est-ce
qu'il y a, est-ce qu'il peut y avoir de telles individualités, surtout de tels groupes?

Je proteste que cela est strictement vrai. Les
hommes que je viens de nommer, je les ai connus, j'ai vécu pendant vingt ans auprès d'eux
dans une intimité qui laissait *les dedans* transparaître à travers *les dehors*. Je n'ai pas été seulement le spectateur de leurs actes et l'auditeur
de leurs discours. J'ai *vu leurs âmes*, et je les
ai trouvées plus belles à mesure que je les creu-

sais davantage. Le souvenir m'en émeut encore au moment où j'écris. J'en remercie Dieu comme d'une grâce sans prix. Et je la souhaite avec ardeur à tous ceux qui, n'ayant pas la lumière de la vérité et cherchant à tâtons la solution du problème de la vie, souffrent de ne la point trouver. La lumière dont ils désespèrent peut-être leur apparaîtrait à coup sûr dans les splendeurs de cette beauté chrétienne.

II

A peu près dans le même temps où Alexandre de Lambel ajoutait ces amitiés lorraines aux amitiés parisiennes, une amitié bretonne se préparait pour lui, qui ne devait éclore que dans l'âge mûr, mais qui a laissé dans sa correspondance une trace particulièrement intéressante et digne d'être conservée.

Achille du Clésieux était né poète. Il avait du vrai poète l'imagination féconde et la lyre harmonieuse. Il aurait été un *grand* poète, il aurait laissé un nom égal ou supérieur à celui de son compatriote Brizeux, s'il avait eu derrière lui un autre lui-même qui exerçât sur ses créations rapides le contrôle d'une critique sévère, contraignant les pensées obscures à s'éclaircir, les images vagues à se préciser, les expressions faibles et incorrectes à devenir énergiques et

pures. Cet autre lui-même, — et ce fut grand
dommage, — lui manqua toujours. Ses vers,

> Pareils au murmure des ondes,
> Coulaient à flots pressés de ses lèvres fécondes,

comme une lave qui se pétrifie à peine jaillie. Ils
restaient ce que les avait faits la première inspiration inégalement heureuse. Et il y avait ainsi
dans ses poèmes, à côté de pages d'une envolée
superbe ou d'un charme délicieux, des pages
traînantes qu'on lui conseillait parfois de retra-
vailler. Il ne contestait rien, étant par nature et
par vertu le plus naïf et le plus humble des
hommes ; mais il se déclarait incapable de se
réviser. Et c'est pour cela que ses nombreux ouvrages ne lui ont point acquis dans le monde des
lettres un renom égal à son mérite.

Ce qui vaut mieux, ce poète était un fervent
chrétien, un apôtre épris de l'amour de Dieu et
des âmes, disposé pour Lui et pour elles à tous
les sacrifices. Touché d'une tendre compassion
pour le sort des enfants orphelins ou abandonnés
dont il y avait beaucoup dans sa Bretagne, il
transforma son château et son parc de Saint-Ilan
près de Saint-Brieuc, en une colonie agricole où
il en recueillit le plus grand nombre qu'il put, sachant bien que ce n'était que quelques épis d'une
moisson immense, mais espérant, ce qui arriva
plus tard, que cette première récolte en prépare-

rait d'autres. Et comme il fallait *élever* ces petits
et former le personnel qui les dirigerait, il fit
une chose invraisemblable. Madame du Clésieux,
vaillante comme son mari et d'accord avec lui,
alla habiter Saint-Brieuc avec ses enfants. Et
lui-même s'installa, pendant une année entière,
au milieu des jeunes colons et de leurs contre-
maîtres, partageant leur vie, dressant les uns à
la discipline et les autres au commandement, aidant l'aumônier à civiliser et à christianiser ces
petits sauvages.

Cette œuvre principale ne fut point unique.
M. du Clésieux ne resta étranger, pendant sa
longue vie, à rien de ce que faisait la Bretagne
chrétienne pour rester digne de son glorieux passé.
Et puisqu'on dit qu'elle est le pays des fées,
voici quelque chose de féerique en même temps
qu'héroïque ; l'ami de Bretagne en a donné lui-
même les détails à l'ami de Lorraine dans une
lettre que j'ai sous les yeux, et que je ne ferai
guère que transcrire. Elle n'est pas datée, mais
tout la place entre 1875 et 1877, à une époque
où les chefs de l'enseignement officiel nourris-
saient déjà de mauvais desseins contre l'enseignement libre.

Il y avait alors à Saint-Brieuc un magnifique
collège de Saint-Charles, fondé à grands frais par
les catholiques des Côtes-du-Nord et qui était,
pour toute la région, la citadelle de l'enseigne-

ment chrétien. A la suite de circonstances que j'ignore, cet établissement se trouva écrasé d'une dette de 500.000 francs. M. du Clésieux, qui était de son conseil d'administration, frappa à toutes les portes et remua ciel et terre pour trouver des ressources. Ce fut en vain. Et un seul moyen restait d'éviter la banqueroute : traiter de la vente avec l'État, tout prêt à acheter ce bel immeuble. « Or, » — c'est maintenant M. du Clésieux qui parle, — « ce n'était pas seulement une école sans Dieu qui devait y être établie, mais une école normale d'apôtres de l'athéisme. Je pars immédiatement pour Paris où je vois dom Rosco et le supplie de sauver le principal collège catholique du département avec ses Salésiens. Il ne le pouvait pas, mais il a prié pour nous. Vingt-quatre heures après, j'étais de retour à Saint-Brieuc. J'y apprends que, le lendemain matin à dix heures, la promesse de vente à l'État doit être signée devant le comité assemblé à la Préfecture. Toute la matinée se passe en démarches et efforts inutiles pour conjurer ou ajourner la catastrophe ; il ne reste plus qu'à assister à la ruine de l'influence religieuse dans le pays. Les membres du comité, réunis chez moi, s'étaient levés et allaient partir. Dans un quart d'heure tout serait fini. Je fis appeler madame du Clésieux. Et en face de la statue de saint Charles qui se voit de mon salon et dont la main étendue vers nous semblait nous adresser un suprême appel, je lui dis : « Ma chère amie, vous voyez la situation où la Providence nous place. Voulons-nous être non les complices, mais les témoins impuissants d'un acte qui nous laisserait des remords puisque, seuls, nous pouvions l'empêcher en nous engageant ? » La mère de dix-huit enfants et petits-enfants était émue, comme vous le pensez. Mais à cette parole que j'ajoutai : *Cherchons d'abord le royaume de Dieu et sa justice, et tout le reste nous sera donné par surcroît*, elle s'affermit. Et à cette autre parole : *Aimons-nous nos enfants plus que nous n'aimons Dieu ?* elle répondit sans hésiter : *Non, mon ami.* Tout était sauvé. » Les deux héros venaient de s'engager pour 500.000 francs, la moitié peut-être de leur fortune.

Mais cet acte magnanime avait été un trait de génie. Des générosités endormies se réveillèrent soudain à l'appel muet d'un tel exemple. On rougit de laisser seuls ces enfants perdus du dévouement. En quelques jours 350.000 francs arrivèrent ; d'autres petites sommes un peu plus tard ; finalement le sacrifice personnel de celui qui avait marché le premier, sans savoir s'il serait suivi, fut réduit des quatre cinquièmes.

C'eût été grand dommage que ce cœur breton et ce cœur lorrain, si bien faits pour s'entendre, ne fraternisassent pas un peu sur la terre en attendant la fraternité du ciel. Et ce fut encore la Société de Saint-Vincent de Paul qui opéra cette rencontre. M. du Clésieux, dont la charité n'était jamais inactive, n'entendait pas que ses séjours fréquents et prolongés à Paris fussent pour elle une morte saison. Il était entré à la Conférence Sainte-Clotilde, et tout de suite il s'était senti attiré vers son président par une sympathie qui ne tarda pas à devenir l'amitié la plus tendre, — une amitié contre laquelle ni le temps, ni la distance, ni la diversité des œuvres, ni celle des caractères ne purent jamais rien. Il en était encore au « Monsieur et cher confrère, » lorsqu'il lui écrivait en 1863 : « Tout ce qui me vient de vous a une saveur particulière, et je le goûte comme quelque chose de votre âme à laquelle je suis tendrement attaché. » Toutes les lettres qui suivirent pendant vingt-cinq ans gardent le même accent. Visiblement cette âme de poète, ardente, prime-sautière, parfois troublée, souvent tentée d'indiscipline ou de rêve, admire sans réserve l'âme de son ami, qu'il voit si sereine, si détachée d'elle-même, si surnaturellement sage, si souple toujours sous la main divine. Il voudrait prendre auprès de lui des leçons de paix intérieure, de confiance dans l'épreuve, d'abandon à Dieu dans le brisement des plus chères affections humaines. Pendant les dernières années cette attitude de disciple s'accentue de plus en plus ; et l'expression en devient particulièrement touchante dans sa correspondance après la mort de madame de Lambel. L'âge qui s'avance ne leur permettra plus de se revoir ici-bas. Mais le besoin d'épanchement subsiste toujours ; et ce noble besoin lui dicte, entre bien d'autres, ces lignes de 1885 :

« Je vous écris, cher ami, sans autre motif que de vous écrire, puisque nous ne pouvons plus nous entretenir qu'ainsi et que le silence est une sorte d'offense à l'amitié. Ne sentez-vous pas que Dieu se plaît à briser successivement tous les appuis humains pour nous forcer à ne compter que sur lui? Et ne vous semble-t-il pas qu'en nous voyant approcher de la tombe, il veuille écarter de nos yeux tout ce qui nous empêcherait d'apercevoir ce qu'il nous réserve au delà ? Le monde que nous traversons nous fait oublier celui où nous allons arriver ; et les grands coups qui nous en détachent sont les effets d'une Providence qui ne blesse que par miséricorde. Mais qu'il est difficile parfois de dire le *fiat* sans que l'amertume vienne en troubler le mérite! Vous avez une douceur dans la souffrance que je n'ai pas ; et votre vie, toute de dévouement et d'abnégation, est un bel exemple que j'aurais dû suivre. Continuez à me fortifier par votre sérénité dans l'épreuve. Parlez-moi de vous, de votre vie ; ce m'est une lecture de l'*Imitation*. »

III

Les relations de famille, de société, d'œuvres firent naître un autre groupe d'amitiés et de correspondances également intéressantes. Nous savons déjà que madame de Gontaut occupa un rang privilégié en tête de celui-ci, comme Armand de Melun en tête du premier. Mais nous savons aussi que cette double primauté laissait dans un cœur aussi vaste beaucoup de places libres qui furent remplies d'une manière digne de lui. Il y aurait ici encore de quoi composer toute une galerie de portraits et écrire tout un livre. Mais on comprendra qu'ici encore nous pouvons tout au plus citer quelques noms et laisser entrevoir quelques figures.

Ces amitiés si diverses eurent beaucoup de traits communs.

Le premier est que l'attrait principal qui les fait naître est l'attrait de la bonté. Les plumes amies ont visiblement un effort à faire pour ne pas écrire à chaque lettre, et plusieurs fois par lettre, le refrain de madame de Gontaut : *Que vous êtes bon!* A chaque service qu'il rend, à chaque conseil qu'il donne, à chaque marque de souvenir affectueux et fidèle, les personnes pour qui il se dépense sentent qu'avec le bienfait qu'elles reçoivent

le cœur aussi s'est donné, et elles en ressentent
une reconnaissance émue dont l'expression ne se
laisse pas toujours contenir. — Un second trait
est la confiance absolue, non pas seulement dans
la sûreté parfaite de son commerce, mais dans sa
sagesse, lors même que cette sagesse n'a encore
que vingt ou vingt-cinq ans. — Un troisième est
le respect pour sa vertu. Ce sentiment, lui aussi,
n'attendra pas pour se manifester l'âge des che-
veux blancs ; le très jeune docteur en droit et
même l'étudiant l'inspirera presque autant que,
soixante ans plus tard, le très vieux maire de
Fléville. Pourquoi pas? Saint Jean fut vénéré
par l'Église naissante pendant les dernières années de sa longue carrière ; ne méritait-il pas déjà
de l'être quand il n'était encore que le jeune disciple « que Jésus aimait » ?

Cueillons donc presque au hasard quelques
fleurs dans ce beau jardin de l'amitié où l'on voudrait moissonner toute la gerbe.

Voici d'abord, par rang d'âge, une vieille amie,
parente éloignée, la comtesse de la Rouzière. Elle
a soixante ans, lui vingt, quand l'échange maternel et filial des lettres commence en 1835 pour
finir, avec elle, en 1850. Cette correspondance
nous *le* montre associé à toutes les préoccupations d'une vie très éprouvée, aux prières pour la
guérison des malades de la famille, aux recher-

ches de maîtres et d'écoles pour l'éducation des
enfants, consulté pour toutes les affaires, toujours
disponible lorsqu'il y a une démarche à faire.
Elle *la* montre dans les effusions reconnaissantes
d'un cœur qui ne vieillit pas ; témoin cette lettre
qu'elle adresse, déjà septuagénaire, à son jeune
ami quelques mois après son mariage :

« Ah! combien je vous sais gré de votre aimable lettre ! Elle m'est une preuve de plus que
vous êtes un bien véritable ami. Au milieu des
jouissances et des occupations qui vous captivent
à si juste titre, vous conservez souvenir, intérêt
et affection à une personne qui, par sa triste position et sa déplorable santé, est un véritable
rabat-joie. Mais nulle bonne œuvre ne vous est
étrangère, et vous savez secourir les affligés, chacun selon leurs besoins. Pour moi, qui attache un
grand prix à une véritable amitié, la vôtre apporte
de l'allègement à mes diverses tribulations. As-
surez bien votre charmante femme que mes sentiments pour elle se confondent désormais avec
ceux que j'ai pour vous, et que par conséquent, si
elle veut bien m'accorder un peu de ceux que vous
me témoignez, j'en serai très heureuse. L'amitié
rapproche les âges ; la vieillesse chérit la jeunesse,
surtout lorsque celle-ci est bonne et indulgente
comme vous l'êtes tous les deux. — Pour moi,
ma santé va toujours de mal en pis depuis votre
départ. Mais je ne veux voir dans mes maux que

la volonté de Dieu et le devoir de m'y soumettre avec résignation afin qu'ils me soient utiles pour une vie meilleure. C'est cette résignation que je vous prie de demander pour moi, en ménage, à Celui de qui tout dépend. » (19 novembre 1845.)

A côté d'elle se place de droit sa sœur, la baronne de Condé, un peu plus jeune, mais qu'il faut encore ranger parmi les amies maternelles. En tête de ses lettres pieusement conservées se lit cette note de la main de M. de Lambel : « Son fils, mon ami de plus de quarante ans, est allé à Dieu en 1886. » Et ces mots nous laissent deviner que la mère, dans sa sollicitude chrétienne, avait favorisé de tout son pouvoir la liaison des deux jeunes gens, afin que l'un exerçât fraternellement sur l'autre l'influence doublement bienfaisante du conseil et de l'exemple. Il fallait qu'elle le connût bien pour lui témoigner cette confiance. Elle le connaissait en effet par les œuvres de charité auxquelles tous deux prenaient part. Elle avait vu ce qu'il était auprès des pauvres, quel apôtre dans la maison de saint Jean, quel père pour son jeune frère ; elle devinait, et devinait bien, que son amitié serait un trésor sans prix. Là est en partie l'intérêt de cette correspondance. Et il est aussi dans l'humble détail des œuvres de miséricorde et de zèle pour lesquelles elle ne se lasse pas de le consulter, ou de le solliciter avec

sa plume quand elle ne le peut de vive voix. Souvent elle s'accuse d'être importune ; mais elle le
fait sans contrition, car elle recommence toujours, et au fond, elle sait bien qu'il lui en est
reconnaissant. « Voici une position si triste et si
intéressante et vous avez une si grande charité
que je ne puis résister à vous demander d'aller
voir, s'il vous est possible, le malheureux jeune
homme qui m'écrit... » — « Si vous devez voir
prochainement sœur Rosalie, vous pourriez me
rendre un grand service et aussi à la protégée de
l'excellente Sœur. Voyez comme je recours à vous
simplement. Faites de même pour moi, je vous
prie, quand l'occasion s'en présentera... » — Il y
a bien d'autres choses dans ces lettres, de délicats témoignages d'affection, de charmants récits
de voyage, des scènes de famille, que sais-je ?
Mais il n'y en a pas qui vaillent celles-ci ni qui
fassent pénétrer aussi avant dans l'intérieur de
deux âmes.

Dans le même groupe de famille nous rencon-
trons, entre plusieurs autres noms, celui de la
comtesse Claire de Chabannes, fille du vicomte
de La Mare. Ici l'amitié fut de toute la vie ; et la
correspondance, activée ou ralentie suivant les
circonstances, se continua fidèlement pendant
plus d'un demi-siècle. D'un bout à l'autre,
Alexandre de Lambel y est toujours l'ami, pres-

que le frère, sur lequel on ne compte jamais en
vain, le conseiller, le consolateur, — quand il le
faut, l'homme d'affaires. Un grand souffle de foi
et de ferveur anime constamment ces entretiens
épistolaires et fait de plusieurs d'entre eux de
véritables lettres de piété qui seraient autant de
beaux chapitres d'un livre sur la vie intérieure.
Elles sont trop étendues, peut-être aussi trop intimes, pour qu'on ose en rien détacher. Mais il
nous sera permis de citer, à l'honneur des amitiés
chrétiennes et du principe qui les fait immortelles, la dernière en date des cent lettres de madame de Chabannes.

« 24 novembre 1892.

« Bien excellent ami,

« Dans le paquet des lettres qui m'ont été re-
mises la veille de ma fête, mes yeux ont tout de
suite distingué la vôtre, et mon cœur l'attendait.
La continuité de votre amitié est pour moi une
de ces fleurs qui, cueillies dans l'arrière-saison,
n'en paraissent que plus belles. Merci donc mille
fois de votre constant souvenir et surtout de vos
ferventes prières pour la vieille amie qui, aux
jours de sa jeunesse, a reçu de votre charité de si
pieux conseils appuyés sur l'exemple. J'aurai
quatre-vingts ans le 26 décembre. Il est probable
que je vous devancerai dans la mort ; mais je
compte bien que, grâce à vos fervents suffrages,

le bon Dieu daignera m'introduire dans ce beau
séjour du ciel où l'on se souvient de ses amis de
la terre. L'amitié chrétienne survit au trépas
pour se perpétuer à jamais là-haut. »

Parmi les collaboratrices de M. de Lambel
dans ses œuvres parisiennes nous trouvons le
nom de la marquise de Godefroy-Ménilglaise,
née Ménilglaise. Et parmi ses correspondantes
il n'y en eut pas de plus intéressante et de plus
fidèle. Fervente chrétienne, esprit très cultivé,
maîtresse de maison accomplie, passionnément
dévouée à l'Église et à la France, elle se tenait
au courant de tout dans le monde religieux et
aussi dans le monde politique. Ses lettres, écrites
d'une plume à la fois sérieuse et brillante, sont
des pages d'histoire contemporaine, d'une lecture
singulièrement instructive et attrayante (1).

Elle en écrivit beaucoup, et de très longues, à
ses chers amis de Fléville, soit pendant la guerre
de 1870, soit pendant l'année qui suivit. Coupée
du reste de la France depuis les premiers dé-
sastres jusqu'à l'armistice, mutilée par la paix,

____

(1) Toutes ces qualités d'écrivain, jointes à des qualités plus
hautes encore et plus rares de penseur, se retrouvent dans un
beau livre qu'elle publia, en 1868, pour les gens du monde, sous le
titre d'*Esquisses religieuses*. En 1874 elle écrivit pour sa famille et
ses amis une très touchante notice sur sa fille Hélène, morte à
vingt-deux ans, après deux années de maladie qui avaient fait
d'elle une jeune sainte.

durement et longuement occupée ensuite par le vainqueur, la Lorraine avait souffert, plus que d'autres provinces, des maux de la patrie. Les bons citoyens et les bons chrétiens que le devoir allait y retenir pour longtemps encore, tournaient les yeux avec angoisse vers Paris et Versailles, avides de nouvelles privées et publiques, partagés entre les raisons de craindre et les raisons d'espérer, se demandant anxieusement si ce qui se préparait dans l'ordre politique amènerait la restauration d'une France redevenue chrétienne, ou précipiterait la décadence d'une France aveuglément impénitente. Toute information venue de bonne source, toute appréciation raisonnée des événements qui se déroulaient, tout pronostic leur était un bienfait. Madame de Godefroy-Ménilglaise répandit largement ce bienfait sur M. et Mme de Lambel. *Je veux être votre journaliste,* leur écrivait-elle aimablement. Et elle le fut.

Mais elle devait être plus bienfaisante encore pour le vieil ami quand sa vie fut brisée. Très éprouvée elle-même par la mort de sa chère et sainte fille, puis par la fin admirablement chrétienne de son mari, elle n'en fut que plus sensible à son inconsolable douleur. Et à plusieurs reprises elle lui exprima ses sympathies en termes où la tendresse du cœur se joint à la vaillance des exhortations fraternelles. Ne quittons pas cette âme d'élite sans lui emprunter quelques lignes.

« 1er septembre 1882.

« Je ne veux pas cette fois demander indirectement de vos nouvelles. Je désire savoir de vous-même si vous cherchez à reconstituer cette santé dont l'âme a surtout besoin quand son ressort est affaibli par la douleur. Dieu nous impose d'aimer assez ce pauvre corps pour le rendre fidèle à la tâche. Vous êtes vraiment chargé de ne pas le laisser mourir. Non, nous n'avons le droit de rien abréger en fait d'occasions de mérites. Il ne faut pas aller trop vite au ciel ; car c'est seulement ici-bas que nous pouvons offrir des sacrifices à Celui qui nous donne la vie et nous promet l'éternité. Mandez-moi que vous sortez, que vous reprenez des forces, que vous avez la générosité de vous rattacher à tout ce que vous avez entrepris d'utile. On attribuera à *votre sainte* tout ce qu'on verra descendre en vous de forces surnaturelles ; on la sentira vivre en vous, elle déjà glorieuse. Et vous, vous entendrez ce qui vous est dit au fond de l'âme : que ceux qui pleurent seront consolés, et *qu'ils peuvent l'être déjà* dans la foi et l'amour. »

Une amitié plus récente, mais non moins intime, unit M. et Mme de Lambel à la marquise de Castellane, née Talleyrand-Périgord. Les relations, très fréquentes à Paris, se continuaient par correspondance pendant la saison de Fléville; et ce qui a été conservé de cette correspondance témoigne de ce que fut entre eux cette parfaite fraternité chrétienne. Elle leur écrivait habituellement à tous deux ensemble, ne les séparant jamais dans sa confiante affection, et comptant également sur les prières de l'un et de l'autre pour l'aider à avancer dans la vie chrétienne et pour la soutenir dans ses épreuves. Une de celles-ci, celle de la guerre de 1870, fut horriblement douloureuse; et son cœur, déchiré parce qu'il était partagé, s'épancha dans le leur avec un abandon pathétique.

« 3 août 1870.

« Cher, cher monsieur, je veux vous dire directement, au moins en quelques lignes, et par vous à madame de Lambel, ma vive gratitude pour tout ce que vous avez bien voulu m'exprimer de sympathie dans cette épreuve bien grande, — oui, grande au delà de toutes paroles, au delà même de toutes larmes. Dans l'une des armées ma famille, dans l'autre ma patrie !... Mes fervents amis, priez avec insistance pour la conservation de la vie de mon bien-aimé et si digne d'être aimé gendre (1) !... Vous aurez consacré vos personnes et votre demeure aux blessés. Vous devez être puissants sur le cœur de Dieu. Intéressez-le à nous ! Mes enfants et moi nous serrons vos mains en toute effusion de reconnaissante et confiante amitié. »

Quatre ans plus tard, ce fut elle qui dut porter la consolation à ces deux cœurs, blessés à leur tour par plusieurs pertes très cruelles. « Tout est donc consommé, mes pauvres amis ! Je vous vois forts et courageux parce que vous êtes résignés. Mais vos cœurs sont déchirés. Et chaque blessure nouvelle ravive les blessures précédentes, si nombreuses et si profondes en ces dernières années. Grâce à Dieu, ce n'est que vers le Ciel que vous pouvez, que vous devez élever vos regards pour y trouver vos bien-aimés disparus. Je vous embrasse dans toute l'effusion d'un cœur profondément vôtre en Notre-Seigneur. »

La duchesse de Caraman, née Crillon, fut également l'amie de l'un et de l'autre, mais correspondit surtout avec madame de Lambel. La lecture de ses lettres est proprement un charme.

(1) Le prince Radziwill, qui servait dans les armées allemandes.

Écrites au courant de la plume avec le plus parfait naturel, l'âme y est pleinement transparente, une âme qu'on pourrait appeler lumineuse et qui semble s'être donné pour devise le conseil de saint François de Sales à une de ses filles spirituelles : *Vivez joyeuse, et soyez généreuse.* On l'appellerait optimiste si ce mot n'indiquait pas quelque insouciance ou quelque manque de sérieux dans l'appréciation des choses. Ce n'est pas cela ; c'est la confiance filiale dans le gouvernement de la Providence ; c'est la conviction réfléchie et tendre qu'à travers toutes les épreuves et toutes les douleurs, tout finit par tourner au plus grand bien des vrais amis de Dieu. C'est pour elle une *idée directrice*, un sentiment toujours présent. Et sa plume y joint un enjouement aimable qui est chez elle un don de nature, et dont la jeune fraîcheur se prolongera jusqu'à la vieillesse. Rien cependant de frivole ou de superficiel ; car tout cela a sa source en Dieu qui sanctifie les joies, mais qui bénit aussi les larmes, celles surtout qui coulent pour les maux d'autrui. Aussi est-ce une lettre de deuil que nous détachons de cette correspondance si longtemps souriante, une lettre qui, écrite quelques mois après la mort de madame de Lambel, réunit dans la même pensée l'amie disparue et l'ami qui reste :

« Je pense tellement à vous, monsieur, que j'ai besoin de vous le dire. Ce jour de l'Assomption, qui était si doux pour vous, est devenu bien douloureux. Et pourtant vous devez être tellement sûr du bonheur de votre chère femme que cela vous donne du courage pour attendre le moment de la grande réunion. Quand on s'est aimé sous l'œil de Dieu en s'appuyant l'un sur l'autre pour faire le bien, il n'y a pas de réelle séparation ; les âmes restent unies en dépit de l'absence ; le souvenir du bien accompli ensemble les tient près l'une de l'autre et les confond en Dieu. Ceux qui ont parcouru la route du devoir la main dans la main et le regard élevé vers le ciel sont sûrs de s'y retrouver ; et si l'un a devancé son compagnon, que sont quelques années à passer sur la terre en comparaison de l'éternité de la réunion ? Excusez-moi, monsieur, si je touche à une plaie trop vive ; il me semble qu'une larme de véritable sympathie peut quelque chose pour l'adoucir. »

Enfin, — car il faut se borner, en donnant un regret à ce qu'on laisse, — le nom de la duchesse de Caraman appelle à sa suite celui de sa pieuse sœur, la comtesse de Lévis-Mirepoix, qui fut une des plus ferventes zélatrices de l'œuvre de Saint-Jean. Une étroite amitié unissait depuis longtemps les deux ménages lorsque la grande épreuve du veuvage commença pour M. de Lambel. Et la première des vingt lettres qu'il conserva de

Mme de Lévis-Mirepoix date de cette époque cruelle où, tout entier à sa douleur, il semblait vouloir s'enfermer dans une solitude profonde qui s'ouvrirait désormais à Dieu seul et aux pauvres, à l'exclusion des amis des années heureuses. Elle le dissuade doucement de ce dessein au nom même de celle qu'il pleure : « *Elle* ne le voudrait pas, et vous demanderait d'aller parler d'elle avec ceux qui l'aimaient et qui ont besoin de vous pour s'inspirer d'elle. » Quatre ans après, c'était son tour ; et c'était celui de l'ami de lui adresser les paroles consolatrices que Dieu seul inspire et que les âmes chrétiennes savent seules dire et seules comprendre quand le glaive de la douleur vient les traverser : « Les vôtres, lui répond-elle, m'ont fait du bien et ont relevé mon courage. Hélas! il est souvent bien abattu. Mais Dieu voit que la soumission et la bonne volonté demeurent en mon âme. » Cette sympathie profonde, rendue plus intime encore par la communauté des douleurs terrestres et des espérances célestes, est le premier caractère et comme la note dominante de cette belle correspondance. Il s'y joint un accent admirable de douce résignation et de reconnaissance sans borne pour la bonté de Dieu qui, en frappant l'épouse, entoure de toutes les consolations la mère, la grand'-mère, à la fin la bisaïeule : « La vie se passe au milieu des épreuves et des larmes, à côté de joies bien pures aussi. Je connais les unes et les autres; toutes ont leur place. Soumission et gratitude peuvent marcher ensemble, se heurtant parfois dans l'âme. Mais, vous me l'avez dit, — mieux que cela, vous nous le montrez, — une aspiration vers le ciel, un regard vers le crucifix ramènent le calme avec l'espérance. »

Dans une âme si haute, les tristesses et les espérances ne devaient pas se borner au cercle restreint de la vie intérieure et de la vie domestique. Elles s'étendaient avec une sympathie profonde à toutes les douleurs et à toutes les joies, — les premières, hélas! plus habituelles que les secondes, — de la Patrie et de l'Église. L'écho en retentit très vibrant dans ses lettres. Mais dans ses luttes pour la bonne cause elle n'est que spectatrice et ne peut quelque chose que par la prière. Sur le terrain de la charité elle est dans son domaine d'action, et elle y revient sans cesse dans ses entretiens écrits avec le vieil ami en qui elle se confie comme au meilleur des guides et au plus sûr des appuis. Elle *s'attelle* avec une persévérance inlassable aux œuvres pour lesquelles elle sollicite son conseil ou son concours. Et il n'y a rien de plus intéressant, dans la correspondance de cette très grande dame, que d'y voir revenir pendant des années le nom d'un petit apprenti qu'elle a commencé de patronner à Saint-Jean, et qu'elle suivra

partout jusqu'au régiment, pour en faire, Dieu et
M. de Lambel aidant, à travers tous les périls
qui menacent sa foi et sa vertu, un honnête
homme et un bon chrétien.

CHAPITRE IX

LA CONFÉRENCE DE SAINTE CLOTILDE.
ŒUVRES DIVERSES.

Il nous faut maintenant « rentrer en ville »,
sauf à reprendre encore une fois le chemin de la
Lorraine et de ses campagnes. Nos lecteurs excu-
seront ce va-et-vient ; il est nécessaire, sous peine
de laisser incomplet un tableau que nous voudrions du moins esquisser tout entier.

Nous avons vu Alexandre de Lambel enrôlé
de très bonne heure comme simple soldat, c'est-
à-dire comme simple confrère et visiteur des
pauvres, dans la jeune armée de Saint-Vincent
de Paul. Dans sa maturité encore fraîche nous
venons de le voir général de brigade, c'est-à-dire
président d'un Conseil central. A cette époque il
était déjà colonel, c'est-à-dire président d'une
Conférence. Et, contre la règle des hiérarchies
militaires, nous constatons qu'il est à la fois les

trois choses, comme quelqu'un qui garderait le sac au dos en même temps que les cinq galons d'or à sa manche et les étoiles à ses épaulettes.

C'est un des plus beaux aspects de sa vie. Et quand nous disions dans la préface de ce livre que jusqu'à la fin il s'était donné aux œuvres rurales comme s'il eût passé toute l'année à Fléville, aux œuvres parisiennes comme s'il fût resté enfermé dans l'enceinte des fortifications depuis le 1er janvier jusqu'au 31 décembre, c'est surtout la Société de Saint-Vincent de Paul que nous avions en vue.

Ici et là il laissait en très bonnes mains les chers intérêts dont il devait s'éloigner. Mais il était comme un père qui, obligé de se séparer de ses fils, ne se résigne pas à perdre contact avec eux, si sûre que soit la tutelle sous laquelle il les laisse. C'était un besoin de son cœur de se tenir au courant de tout ce qui se passait d'important parmi ces chers troupeaux, soit dans l'ordre matériel, soit surtout dans l'ordre moral. Rien n'est plus intéressant et plus touchant dans sa correspondance que ces communications fréquentes où il s'enquiert de tout dans un détail qui n'oublie rien, où il répond à toutes les questions et où il n'y a pas une ligne qui ne soit inspirée par le plus pur esprit de l'Évangile. Ce sont presque des *lettres de direction*, et ce sont tout à fait des lettres de famille.

Ajoutons cependant que, par la force des choses, ces communications étaient plus suivies avec la Lorraine pendant l'hiver qu'avec Paris pendant l'été qui y est non pas une morte-saison, mais une saison de ralentissement pour les œuvres charitables. Dans beaucoup de paroisses, — dans celle qu'habitait M. de Lambel plus que dans toute autre, — la plupart des membres se dispersent avant la fin du printemps et ne reviennent qu'après les premiers froids. Les rares restants ne peuvent suffire à la charge; les séances sont de moins en moins fréquentes, et il faut finir par les suspendre quand il n'y vient plus personne ; beaucoup de familles resteraient sans secours si la charité personnelle des visiteurs ne déposait d'avance une provision de bons de pain entre les mains des sœurs de Saint-Vincent de Paul qui, elles, sont toujours là. Au contraire le Président du Conseil central de Nancy, en quittant Fléville, laissait en pleine activité les nombreuses Conférences de sa vaste circonscription. Pas une d'elles, si modeste fût-elle, qui, s'adressant à lui pour obtenir un conseil, ou un encouragement, ou la solution d'une difficulté, ne reçût une réponse également prompte et sage, précise et affectueuse. Celles des villes, telles que Saint-Dié, Lunéville, d'autres encore, lui envoyaient, à l'occasion de leurs assemblées générales ou de leurs retraites, de véritables rapports, comme feraient des fils qui se consolent de l'absence de leur père en l'associant par leurs récits à tout ce qui leur arrive d'important.

Avec Nancy et son Conseil central les relations étaient plus continues encore. Et ici il faut bien nous arrêter un peu sur la route de Paris.

Il n'y a pas de grande ville en France où la Société de Saint-Vincent de Paul soit plus florissante qu'à Nancy. Elle l'est par le nombre de ses conférences; elle l'est par sa fidélité à l'esprit primitif; elle l'est par le généreux courage avec lequel elle a tenu bon au plus fort de la tempête de 1859, jusqu'à créer bravement deux Conférences nouvelles à une époque où c'était beaucoup de conserver les anciennes. Les premiers fondateurs avaient grisonné ou blanchi; ils gardaient, quand il s'agissait des pauvres, l'activité du début. En même temps ils se préparaient des successeurs parmi les plus jeunes. Le Conseil central en particulier réunissait deux générations; et le vice-président eût pu largement être le fils du président octogénaire. Dans la pensée de tous, il était un coadjuteur avec succession future. Son père avait été l'un des meilleurs amis de M. de Lambel. Celui-ci aimait paternellement le fils du compagnon d'armes d'autrefois; et, retrouvant en lui toutes les qualités héréditaires, il se reposait sur lui, avec la plus entière confiance, pour l'avenir lorrain de sa chère Société.

Je puis bien, hélas! le nommer et le louer; je puis dire combien Henri de Vienne me fut cher depuis l'époque lointaine où je le connus modèle des écoliers, puis des étudiants, puis des jeunes magistrats, de ceux que la persécution de 1880 fit tomber glorieusement de leur siège, puis des chefs de famille, toujours des bons chrétiens et des bons citoyens. Lorsque le comte de Lambel mourut plein de jours, un vote unanime du Conseil central porta le jeune vice-président à la présidence, et il n'y eut personne qui ne joignît au regret de celui qu'on pleurait et qu'on vénérait un sentiment de profonde reconnaissance envers la Providence qui lui avait préparé un tel remplaçant.

Nous savons que ce sentiment fut très sympathiquement partagé par le Conseil général. Et l'on put compter sur de longues années d'une direction digne de celle qui l'avait précédée, tant il y avait de vaillance et de vigueur dans le nouveau président, et tant sa maturité ressemblait encore à la jeunesse. Cela dura quelques mois; puis une maladie soudaine anéantit tous ces espoirs; Élie était rejoint par Élisée.

Ce fut donc principalement par Henri de Vienne que, dans ses dernières années, M. de Lambel suivit pas à pas, pendant les semestres d'hiver, tout le mouvement charitable des conférences lorraines, et que son action continua de s'y faire sentir à distance. Les lettres qu'ils échangèrent à leur sujet forment une belle page des archives de ces conférences. Et jamais le jeune lieutenant ne venait à Paris sans monter l'escalier du vieux général pour compléter ses comptes rendus écrits par des causeries plus intimes et plus détaillées dont celui-ci était toujours avide ; jamais il n'en repartait sans rapporter, à l'adresse de tous ces groupes, de pieuses et tendres paroles toujours accueillies comme celles d'un maître et d'un père.

Et c'est à Paris que nous voudrions maintenant montrer celui-ci au milieu de sa chère conférence de Sainte-Clotilde.

Il la présidait avant qu'elle fût née ou du moins avant qu'elle fût baptisée du beau nom royal qu'elle porte depuis un demi-siècle. Primitivement elle s'appelait Sainte-Valère, et c'est sous ce nom qu'elle l'eut pour président en 1842. Il avait alors vingt-sept ans, âge déjà respectable en ces temps primitifs où la société de Saint-Vincent de Paul se recrutait principalement sur les bancs des écoles. Il en garda la direction pendant soixante-et-un ans ; et ce fut pour cette belle Conférence une grâce très spéciale de conserver à sa tête pendant une si longue durée un si bon ouvrier de la première heure, toujours animé du grand souffle et du grand élan du début, toujours fidèle à « l'esprit primitif de piété, de simplicité et d'union fraternelle », que nous demandons à Dieu de conserver inviolablement parmi nous, « afin que nos œuvres, pleinement dégagées des intérêts de la terre, deviennent de plus en plus fécondes pour le ciel (1). » Elle le rajeunissait par l'afflux périodique des nouveaux membres qui remplaçaient les disparus et venaient y faire leurs premières armes. Et de plus en plus il la mûrissait en lui apportant la croissante accumulation de ses expériences charitables. Il connaissait presque toutes les familles visitées ; et il n'y en avait pas une qui ne le saluât au passage et ne recherchât son bon sourire quand il parcourait les rues du Gros-Caillou pour y faire ou y chercher quelque bonne œuvre. Il *dressait* les jeunes confrères, les accompagnant dans leurs premières visites, leur apprenant comment il faut parler aux pauvres si l'on veut trouver le chemin de leur cœur, leur donnant par son exemple la leçon du dévouement et de l'amour, de cet amour qui va surtout aux âmes et se traduit en zèle pour leur salut éternel.

Sa Conférence de Sainte-Clotilde devint ainsi une école pratique où plusieurs générations successives se formèrent à la vie des bonnes

____

(1) C'est le texte français d'une belle prière latine composée par le vénérable M. Gossin, second président général. Plusieurs conférences ont le pieux usage de la réciter à la fin des séances.

œuvres, une école de persévérance où plusieurs, rien qu'à le regarder faire, apprirent que l'exercice de la charité est une carrière où il n'y a ni limite d'âge, ni cadre de réserve.

On se trompe beaucoup quand, jugeant des choses par le nom qu'elles portent, on s'imagine que toute la tâche d'un président est de présider.

Assurément présider n'est pas rien ; il y faut l'exactitude ; il y faut le soin de préparer les séances afin qu'elles soient bien remplies et ne soient point interminables ; il y faut l'art de les bien conduire afin qu'elles ne s'égarent pas en route ; il y faut, surtout quand il s'agit d'œuvres chrétiennes, la bonne grâce aimable et charitable qui empêche les débats de s'aigrir et la charité, en vue de laquelle on travaille, d'être blessée dans les cœurs ou dans les paroles. Nous savons déjà que M. de Lambel excellait dans ces vertus présidentielles.

Mais il s'en faut que présider soit tout. Un président parfait a bien d'autres besognes, si multiples, souvent si onéreuses, parfois si délicates, que leur liste a de quoi mettre en fuite toute bonne volonté qui n'est pas soutenue par un grand zèle et un grand courage.

Il y a les ressources à procurer ; car la Conférence vit d'aumônes, et le produit des quêtes hebdomadaires faites entre les membres ne peut suffire aux besoins. Il faut donc un sermon de charité ; le choix du prédicateur est très important ; celui des quêteuses ne l'est guère moins. De là mille démarches pour lesquelles le président peut se faire aider, mais où rien ne remplacera son action personnelle.

Il y a le recrutement des membres, tant actifs qu'honoraires. Question vitale d'où dépend tout l'avenir d'une conférence. La mort, la maladie, les départs y creusent des vides ; que deviendra-t-elle, que deviendront ses pauvres, si ces vides ne sont pas remplis ? Attendre, les bras croisés, que de nouveaux membres se présentent, c'est perdre plus de la moitié de ceux qu'on pourrait gagner, c'est se condamner à une dépopulation progressive et se résigner à végéter au lieu de croître. Il faut être toujours en chasse, et si le président ne donne l'exemple, rien ne se fera. Il doit se renseigner d'abord afin de ne s'adresser qu'aux bonnes portes. Il doit ensuite y frapper jusqu'à ce qu'elles s'ouvrent. Parfois il n'aura qu'un mot à dire ; on l'attendait. Plus souvent il faudra qu'il explique et qu'il instruise ; on ne savait pas ce qu'est la Société de Saint-Vincent de Paul et quelles facilités merveilleuses elle offre pour accomplir utilement le précepte de la charité imposé à tous par la loi de l'Évangile. Il faudra qu'il argumente contre les objections ; elles ne valent rien, et ce sont des fantômes ; mais encore est-il besoin de les dissiper. Il faudra qu'il

prêche un peu ; car convaincre l'esprit est peu de
chose tant qu'on n'a pas conquis la volonté ; et il
y a un art de revenir à la charge auquel plus
d'un finit par céder de bonne grâce quand il voit
qu'on l'importune parce qu'on l'aime. Cela prend
bien des heures, parfois bien des jours ; et surtout cela demande beaucoup de patience.

Il y a les conseils à donner aux confrères dans
les cas difficiles. Le cabinet du président doit
leur être aussi ouvert que son cœur. Il doit souhaiter qu'on le dérange ; car d'une conversation
peut dépendre le relèvement d'une famille ou le
progrès de son visiteur dans la piété et dans la
charité.

Il y a,... mais ce serait à n'en pas finir. Il
vaut mieux emprunter à l'un des rapports
annuels de la Conférence de Sainte-Clotilde la
liste des œuvres accessoires qui, en 1887, s'ajoutaient à la visite hebdomadaire de ses 270 familles et complétaient sa vie intérieure :

« 1° Une bibliothèque assez bien fournie, à
laquelle il faudrait attirer plus de lecteurs ;

« 2° Une caisse des loyers destinée à favoriser
chez nos familles le goût de l'ordre et l'habitude
de l'épargne ;

« 3° Une Sainte Famille qui réunit mensuelle-
ment ses associés pour assister à la messe domi-
nicale accompagnée de cantiques et d'une instruction religieuse. Elle leur offre l'attrait d'une

petite loterie et d'une causerie instructive. Et elle aboutit chaque année à une retraite préparatoire à la communion pascale ;

« 4° La visite périodique des écoles des Frères par des membres de la Conférence chargés d'apporter des récompenses à ceux des enfants de nos familles qui y ont obtenu les meilleures notes ;

« 5° Le patronage des jeunes garçons, écoliers ou apprentis, à la maison de Saint-Jean ;

« 6° Les leçons de catéchisme données tous les jeudis dans la même maison aux enfants attardés ;

« 7° Les réunions mensuelles de Saint-François Xavier pour les hommes de la paroisse ;

« 8° Le Cercle catholique d'ouvriers où les ouvriers appartenant à nos familles sont assurés de trouver le meilleur accueil ;

« 9° Le patronage des soldats à la maison de Saint-Jean. »

Toutes ces œuvres s'accomplissaient par le zèle des membres de la Conférence. Mais le Président ne se désintéressait d'aucune d'elles ; c'était sous son impulsion douce et forte, sous son vigilant regard qu'elles étaient nées, qu'elles avaient grandi, qu'elles prospéraient, toujours fidèles au grand esprit chrétien qui les rendait fécondes. C'est sur ce pied qu'il avait mis sa Conférence. Mille personnes au moins, — à en compter seulement quatre par famille, — en recevaient les multiples bienfaits. Il trouvait que c'était peu, et, comparant ce chiffre à celui de la population pauvre de son quartier, à ses misères morales et spirituelles plus grandes encore et plus douloureuses que ses détresses physiques, il ne cessait de prier pour que le maître du champ envoyât à sa moisson de nouveaux ouvriers.

Lui-même restait un de ces ouvriers. En répartissant annuellement les familles entre les visiteurs, il avait soin de se réserver sa part et de se la réserver large. Car rien ne l'attirait autant que la visite personnelle des pauvres. Sous la misère de leurs vêtements usés, de leur ignorance, de leurs maladies spirituelles, sa foi discernait et adorait le Sauveur lui-même qui daigne en quelque sorte s'incarner en eux et qui tient pour fait à lui-même tout ce qu'on fait pour eux : *et mihi fecistis* (1).

(1) Mgr Baunard, dans son admirable livre *l'Évangile du Pauvre*, cite une page charmante de Maxime du Camp qui, sauf les dernières lignes, semble un portrait d'après nature de M. de Lambel dans cet aspect de sa vie :

« Voici un homme qui sort tous les matins de chez lui. Il est à pied quoiqu'il ait de quoi se donner une voiture. Son paletot est de forme singulière, gonflé au-dessous des hanches et comme surchargé ; si on y fouillait, on pourrait y compter une vingtaine de petits pains. Il va dans les quartiers pauvres, il gravit de nombreux étages, ouvre des mansardes, et chaque fois qu'il en descend, son vêtement et sa bourse sont allégés. S'il apprend que dans quelque famille dénuée il y a un malade, il y court, il y amène un médecin et contresigne l'ordonnance ; le pharmacien sait ce que cela veut dire. Aux pauvres vieux qui toussent il donne des sucres d'orge ; aux enfants il ouvre l'école, et s'assure, le soir, que les vagabonds et les malheureux sont bien couchés.

C'est pourquoi il concevait et pratiquait la visite des pauvres comme un acte de religion encore plus que d'humanité. Et selon le véritable esprit de Saint-Vincent de Paul, il voyait dans l'assistance matérielle non pas tant un but, — *une fin en soi*, comme dirait un philosophe, — qu'un moyen en vue d'une fin supérieure qui est l'assistance spirituelle, la conversion et le salut des âmes. C'est à quoi nous ne pensons pas assez, et à quoi cependant il faudrait penser toujours. Il y pensait comme visiteur ; et, comme Président, il y faisait penser, s'enquérant avec sollicitude auprès des membres de la Conférence de l'état moral et de l'état religieux de leurs familles, de l'éducation des enfants, de leur assiduité au catéchisme, de leur préparation à la première communion, leur recommandant de mettre discrètement mais sans exagérer la prudence, la religion *sur le tapis*

Est-ce un prêtre qui se déguise? non pas. Il ira dans la journée au Cercle de l'Union; il est du Jockey-Club; quand il y a des courses, il y prend intérêt. Il a la foi; il a vu Jésus-Christ dans le pauvre. »

M. de Lambel membre du Jokey-Club offre aux yeux une image qui fera sourire tous ceux qui l'ont connu. Mais qui sait si, parmi les jeunes hommes de grand nom et de grande fortune que ses aimables instances attirèrent à la Conférence de Sainte-Clotilde, il n'y eut pas des membres du Jockey et si la contagion de son exemple n'en amena pas quelques-uns à gonfler leurs poches, comme il le faisait lui-même, non seulement de petits pains, mais de bien d'autres choses encore? — Un témoin nous a conté que la liste était longue des objets contenus dans les poches présidentielles et qu'il y avait trouvé des chaussures.

au cours de leurs visites, et de travailler sérieusement à la conquête de ces pauvres âmes populaires qui, bien souvent, iraient à la vérité divine s'il y avait quelqu'un pour leur en montrer le chemin. Il avait composé pour ses confrères de Sainte-Clotilde, sous le nom de *Conseils à l'usage des visiteurs des pauvres*, un court mémento qui, distribué à chacun d'eux, leur rappelait cet esprit et ces obligations morales de l'œuvre. Ceux-ci n'en auraient pas eu besoin s'ils avaient pu suivre leur vieux président dans les mansardes dont il avait fait son domaine. Le petit mémento ne faisait pas autre chose que réduire en maximes sa pratique d'un demi-siècle ; mais on l'aurait bien fâché ou plutôt bien humilié si on s'était risqué à le lui dire.

Il y avait cependant un point où il ne pouvait nier qu'il prêchât d'exemple : l'exactitude aux séances. La sienne était aussi rigoureuse que si la moindre infraction eût été à ses yeux un péché grave. A quatre-vingt-cinq ans il ne s'en croyait pas plus dispensé que bien d'autres à vingt-cinq.

Une fois il faillit y manquer ; le souvenir en est resté à Sainte-Clotilde comme d'une scène presque dramatique. Un jour de séance, il s'était assoupi dans son fauteuil, succombant à la fatigue et comptant sur son fidèle domestique à qui l'ordre était donné, une fois pour toutes, de l'avertir afin qu'il pût toujours arriver une minute avant l'heure. Celui-ci, sachant son maître presque épuisé, n'eut jamais le courage de troubler ce repos, et courut à la salle de réunion pour avertir que M. le comte était souffrant et ne pourrait pas venir. Le vice-président, dont c'est l'office, ouvrit donc la séance. Mais pendant ce temps le dormeur s'éveillait, regardait sa montre, se désolait du mauvais exemple que donnerait son retard, sonnait son domestique, apprenait de la vieille servante la liberté que celui-ci, croyant bien faire, avait prise, envoyait en toute hâte chercher une voiture et se faisait conduire à la Conférence où il arriva avant la fin au milieu de la surprise générale, comme un soldat qui, ayant manqué par force majeure le commencement de la bataille, veut du moins être là pour les dernières cartouches. Je crois bien qu'il fut tenté de se fâcher tout de bon contre le serviteur ; mais il réprima ce premier mouvement et se contenta de lui dire avec douceur : « Vous m'avez fait beaucoup de peine ; je vous prie de ne plus recommencer. »

CHAPITRE X

DERNIÈRES ANNÉES

*Les deuils. — Le veuvage. — La vie spirituelle.
La vieillesse et la mort.*

I

Nous avons suivi M. de Lambel dans cette
belle période de sa vie où le plus pur bonheur
était sanctifié par toutes les ferveurs de la piété
et tous les dévouements de la charité. Nous
allons le suivre dans cette « voie royale de la
sainte Croix » où devait s'achever sa vertu. Le
programme de ses bienfaisantes journées restera
le même, sauf qu'il se chargera encore de quelques
œuvres nouvelles sans rien abandonner des
anciennes. La seule différence est qu'il con-
tinuera dans la solitude d'un deuil inconsolable

la tâche que le partage rendait si légère et si douce.

Dieu, qui réservait à ses vingt dernières années cette douleur suprême, semble avoir voulu lui en donner plusieurs avant-goûts pendant les années qui précédèrent. Mais on ne comprendrait pas quelle fut l'amertume de ces premières gouttes du calice si on n'avait présentes les conditions particulières de sa vie familiale.

L'intime et parfaite union des deux frères était devenue l'union de deux ménages lorsque le plus jeune, six ans après l'aîné, se maria à son tour. On vécut sous le même toit à Fléville et à Paris. Et comme il n'y eut point de berceaux dans l'un de ces ménages, toute sa tendresse et toute sa sollicitude se reportèrent sur ceux qui se multiplièrent dans l'autre. Chacun des enfants qui le peuplèrent eut ainsi deux pères et deux mères. Et il y avait dans le cœur de l'oncle et de la tante de tels trésors disponibles de dévouement paternel et maternel qu'en vérité ils n'auraient pas pu en donner davantage à de vrais fils et à de vraies filles. Tous deux, ai-je besoin de le dire ? y apportaient, avec leur tact habituel, le plus délicat respect des droits de la nature et ne sortaient jamais de leur rôle subordonné d'auxiliaires. Mais, dans cette limite, la paternité et la maternité du cœur étaient complètes au delà de ce qu'on peut dire ; et une tendresse filiale qui ne se démentit jamais les paya de retour jusqu'à la dernière heure (1).

Le jeune peuple croissait plein de promesses. L'année terrible était passée pendant laquelle le maire de Fléville s'était dépensé, temps, démarches et bourse, pour soutenir le moral de la population, consoler les familles en deuil d'un fils, soigner les blessés et les malades, adoucir les exigences du vainqueur (2). Les études s'achevaient. On avait déjà les fleurs, on aurait bientôt les fruits. Coup sur coup, la mort vint.

Au commencement de 1873 elle cueillit à Paris Blanche, la quatrième fille, après un mois de douloureuse maladie qui éleva à la sainteté du sacrifice la piété déjà vive de cette aimable jeune fille de vingt ans. Sa tante, qui ne la quitta point, écrivit le journal de cette agonie; ce sont des pages simples et sublimes que les moins sen-

(1) Dans le « livre de Raison », M. de Lambel, s'effaçant lui-même suivant son invariable usage, ajoute ces lignes, datées de 1879 : « Mais comment ne pas nommer votre tante chérie? Depuis le jour de votre naissance à tous, elle n'a pas cessé de vous témoigner une tendresse vraiment maternelle. Quelle part n'a-t-elle pas prise à votre éducation? Quels soins touchants, quelle sollicitude éclairée pour fortifier votre santé, orner votre mémoire, former votre jugement, faire pénétrer la charité dans votre cœur, élever votre âme vers Dieu ! Quelle consolatrice dans vos peines, quel guide pour toutes les circonstances de votre vie ! Votre reconnaissance en dit bien plus que mes paroles. »

(2) M. de Lambel ne se borna point à défendre les intérêts de sa commune. Nous le voyons, en octobre, intervenir auprès des autorités prussiennes pour sauver Flavigny qu'elles menaçaient d'incendier à la suite d'une affaire de francs-tireurs.

sibles et les moins croyants ne sauraient lire
sans larmes, et les âmes chrétiennes sans désirer
pour elles-mêmes une fin aussi belle. L'oncle
très aimé ne vit qu'une partie de ces derniers
jours, appelé à Nancy par son devoir de conseiller
général ; mais sa pensée fut toujours présente à
la jeune mourante, qui, dans un de ses rares moments de regrets à la terre, dit à sa tante, parlant
d'elle et de lui : *Dire que j'aurais voulu vous
consacrer ma vie, et que je ne le pourrai pas !*

L'année suivante, c'était Pierre, l'aîné des fils,
futur héritier du château de Fléville. Son oncle
comptait sur lui pour entretenir dans l'heureux
village l'influence du bon exemple et les traditions du patronage chrétien. Et celui-ci, dès
l'âge de 17 ans, se préparait par des résolutions
vaillantes à cette tâche qu'il considérait comme
une mission : « Je vivrai au milieu de vous, disait-il aux paysans ; j'aurai soin de tous et pren-
drai en main vos intérêts. » Et à la sœur d'école :
« Je viendrai souvent visiter votre classe ; j'irai
voir les pauvres ; je veux imiter en tout les
exemples que je reçois. » Un de ses maîtres qui
le connaissait bien, a fait de lui ce portrait : « Nature riche et fine, caractère gai et d'un intaris-
sable entrain, intelligence prompte, large, pénétrante, qui ne se contentait pas des surfaces,
mais cherchait le fond même des questions, cœur
plein de tendresse pour ses parents et disposé à

se dévouer pour tous, sentiments élevés, conversation vive aux traits inattendus, façon d'agir
toujours franche et droite, principes religieux
très fermes, voilà quelle était cette attachante
physionomie d'adolescent. A côté de ces qualités
heureuses se montrait dans ses premières années
un défaut saillant, — une opiniâtreté de volonté
poussée parfois jusqu'à la violence. Mais de
bonne heure il avait compris et pratiqué le devoir chrétien de se vaincre. Il ne cessa de lutter
contre cette fougue excessive, et au prix de longs
efforts il parvint à la maîtriser. Dans ses derniers jours, ne jugeant plus les choses qu'à la
clarté du ciel, il disait : *Que serais-je devenu si
je ne m'étais pas dompté ?* »

Depuis longtemps atteint, il mourut, comme
sa sœur, après un mois de maladie déclarée et de
péril conscient. Dès le début, il ne se fit aucune
illusion sur l'issue inévitable. Et en même temps
qu'il avait le sentiment très vif du magnifique
et charmant avenir que la vie lui aurait ouvert,
il en fit généreusement le sacrifice, espérant,
disait-il, *que cela serait quelque chose devant
Dieu.*

Transporté au château de Mouchy, en Nivernais, que ses parents habitaient depuis peu
d'années, il y passa ses derniers jours entre des
crises douloureuses, des améliorations apparen-
tes, et parfois des divagations qui le ramenaient

souvent à son cher Fléville. Il souffrait beaucoup ; mais la pensée de Dieu et du ciel le ranimait dans les défaillances de la nature. Sa tante,
qui l'avait accompagné en Nivernais et était
toujours près de lui, l'entendit s'écrier dans un
de ses moments d'angoisse : « *Oh ! mon Dieu,
aller à vous !* » Elle lui suggéra d'ajouter : *avec
amour*. Il répéta : *avec amour*.

Cette tante fut pour le frère l'historiographe
des derniers jours comme elle l'avait été pour la
sœur. L'oncle aussi fut présent tant que des devoirs impérieux ne l'appelèrent point ailleurs.
Pour tous deux ce fut une seconde blessure qui
raviva la première. Et lorsque, plus tard, M. de
Lambel transcrivit dans le *Livre de Raison* les
pages que la chère envolée avait écrites, il avoua
qu'il fut souvent interrompu par ses larmes.

Enfin deux ans plus tard, en 1876, Constance,
la seconde des filles, mourait dans la troisième
année de son très heureux mariage avec le vicomte Arthur de Bizemont (1). Cette fois la catas-

(1) Comme son frère aîné le comte Henri, ce jeune et brillant
officier avait la vocation de son noble métier. Entré à Saint-Cyr
à dix-huit ans, blessé et décoré à Reichshoffen, il promettait à la
cavalerie française un de ses chefs les plus distingués. Sa santé,
très altérée par l'effondrement de son bonheur domestique, et
ses devoirs envers la fille unique dont il devenait la mère en
même temps que le père, l'obligèrent à quitter sa carrière après
quatre ans de veuvage ; et sa vie se partagea désormais entre les
soins de l'éducation, l'étude et sa bienfaisante action dans les
campagnes qui entouraient sa résidence. Encore vivant à l'époque

trophe n'atteignait pas seulement des promesses d'avenir ; elle brisait en plein bonheur une autre vie très digne de ce bonheur ; elle enlevait une mère — et quelle mère ! — à une enfant au berceau. Ce troisième coup fut une inexprimable douleur. « Vous vous rappelez », dit aux survivants le Livre de Raison, « quel fut, à chaque épreuve, *et spécialement à celle-ci*, notre profond chagrin. Si le temps en a diminué l'amertume, il n'effacera jamais nos regrets. Mon Dieu ! vous avez appelé à vous ces chers enfants parce que vous avez voulu les soustraire aux dangers du monde et les admettre dans votre Paradis. Nous vous en bénissons à cause d'eux et avec eux ; mais nous pleurons sur nous à cause du vide que nous laisse leur départ ; et nous continuons à vivre avec eux par le souvenir, par la prière, par la ferme espérance de les retrouver là où l'on se revoit pour ne plus se séparer... »

Cette communauté de la douleur, de la résignation et de l'immortelle espérance rendit plus intime encore la parfaite union des deux époux. Le temps déjà long n'avait rien pu sur elle, sinon la fortifier et presque la rajeunir. Les épreuves supportées ensemble y ajoutaient cette grâce de

de la mort de M. de Lambel, il ne devait pas longtemps lui survivre.

consolation mutuelle qu'il faut avoir expérimentée pour en connaître l'infinie douceur. Année après année ils étaient et se sentaient plus nécessaires l'un à l'autre.

Ils s'acheminaient ainsi vers la séparation. Dès 1876 la santé de madame de Lambel avait donné des préoccupations. On l'envoya à Vichy qui parut produire un effet salutaire. Mais ce ne fut pas la guérison ; et il devint visible qu'une pente avait été descendue qui ne serait jamais remontée tout entière. La vaillante servante de Dieu et des pauvres tenait bon et ralentissait le moins possible son zèle pieux et son activité charitable. La descente était presque insensible, interrompue par des temps d'arrêt, quelquefois par des améliorations trompeuses. Les bulletins que son mari écrivait périodiquement aux amis indiquaient un état à peu près stationnaire plutôt qu'un déclin accentué ; et la tristesse dont ils portaient presque uniformément l'empreinte semblait inspirée par la persistance d'une situation pénible plutôt que par des alarmes positives. Il écrivait à la fin de 1876 : « En somme, et malgré la tristesse que je ne parviens pas à surmonter, le mieux se soutient ; mais, hélas ! il ne progresse pas au gré de mes désirs. » En décembre 1878 : « Marie n'est pas mal, *plutôt un peu mieux* qu'à votre apparition, mais toujours

obligée à des précautions qui gênent son activité. » — En 1879 : « La faiblesse est un peu
diminuée; le sommeil est meilleur, mais la jau-
nisse persiste. Hélas! ce n'est pas la guérison. »
— En 1880, l'accent change, et les alarmes s'éloignent; il semble que la chère malade sera bientôt une convalescente : « Marie va mieux, j'ai
besoin que vous nous aidiez à rendre grâce. Il
faut toujours des précautions, et je dois rester
sur le qui-vive; mais l'ensemble de la santé est
plus satisfaisant que depuis six ans. » (26 octobre.)
Mais c'était une dernière lueur. L'année suivante
tout le terrain gagné en apparence fut perdu. Et
le 14 mars 1882, la pieuse comtesse de Lambel,
douce envers la mort comme elle l'avait été envers la douleur, rendait à Dieu sa belle âme dont
toute l'existence terrestre avait été un pèlerinage
vers le ciel.

Au premier instant, le souci de cette âme uniquement aimée domina tout chez l'époux désolé,
tout, même l'amertume de la séparation. « Oui, »
écrivait-il à un ami dès les premiers jours, « oui
c'est une sainte que j'ai perdue; c'était de beaucoup la meilleure partie de moi-même, ma lumière, mon guide, mon exemple, mon soutien.
Elle est certaine d'*entrer* dans le ciel, mais *y est-
elle déjà?* Ce doute me navre; et je demande à
mes meilleurs amis, à vous par conséquent,
prières, communions, œuvres méritoires pour

l'introduire dans le séjour des bienheureux *au plus tôt.* »

Peut-être s'étonnera-t-on de ces alarmes qui lui furent, au début du veuvage, une cruelle épreuve. Elles s'expliquent cependant par deux causes très belles. Chez ces deux qui n'étaient qu'un, l'humilité était une vertu maîtresse. Chacun d'eux disait pour l'autre comme pour lui-même : *Domine, non sum dignus.* Et cette parole si souvent répétée sur la terre au moment de la communion, le survivant la répétait maintenant pour celle qui venait de partir. Puis l'infinie pureté du Dieu auquel ils pensaient toujours leur apparaissait dans son contraste redoutable avec leurs infirmités humaines, et ce contraste avait de quoi alarmer chacun d'eux pour l'autre en même temps que pour lui-même. Ces alarmes ne pouvaient céder qu'à une confiance pleine d'amour qui les jetterait dans les bras de la miséricorde divine.

M. de Lambel ne tarda pas à s'y jeter. Mais nous ne diminuerons pas le mérite de cet acte d'abandon en disant comment il y fut aidé.

Quand nous lisons l'histoire de la canonisation des saints, nous trouvons presque toujours, au point de départ, avant l'introduction officielle de la cause, un sentiment spontané du peuple chrétien, une conviction générale de la sainteté et de la béatitude de la personne sur laquelle portera l'enquête. L'Église tient compte de cette conviction, de ce sentiment qui assurément ne lui suffit pas, mais qui lui indique que l'enquête ne fait pas fausse route. De même, et sans oublier les distinctions nécessaires, quand nous pleurons une âme chère, quand nous sommes embaumés du parfum de ses vertus et que cependant nous sommes angoissés par la crainte des expiations qu'elle peut avoir à subir de l'autre côté de la tombe, c'est une consolation très douce de constater que les témoins de sa vie, les plus éclairés et les plus sûrs de ceux qui l'ont connue, croient avec confiance qu'elle est *entrée* de plain-pied *dans la joie de son maître.* Cette consolation fut donnée à M. de Lambel avec une ampleur et une unanimité d'acclamation extraordinaires. Pas un des habitants de Fléville, pas un des Lorrains à qui était venu quelqu'un de ses bienfaits, pas un pauvre, un malade, un orphelin de ses œuvres parisiennes, pas une personne ayant eu le bonheur et l'honneur de l'approcher ne manqua à cette *vox populi.* L'époux en deuil en recueillit le témoignage en des lettres innombrables ; toutes mêlaient aux douloureuses sympathies l'expression de la plus confiante assurance ; presque toutes, en promettant les prières que l'Église demande même pour les plus pieux défunts, laissaient voir qu'on était plus disposé à la prier qu'à prier pour elle.

La seconde pensée de M. de Lambel, — et celle-ci n'était point une épreuve, — fut le désir très vif que quelques pages fussent écrites qui perpétuassent la chère mémoire et prolongeassent, s'il se pouvait, la bienfaisante influence que ses exemples et sa vie avaient exercée autour d'elle. La notice fut composée aussi rapidement que possible, sous son inspiration et d'après les documents qu'il fournit. Il est, en ce sens, le véritable auteur de ce qui s'y trouve. Et c'est aussi à lui qu'est dû l'effacement systématique qui la rend très incomplète en tout ce qui le concerne personnellement ; il ne voulut pas qu'il y fût question de lui, si ce n'est lorsque le silence eût eu quelque air d'affectation. La préparation de cet écrit fut la principale occupation de ses premiers mois de veuvage ; et il sentit que Dieu lui faisait une grâce en lui assignant ainsi une tâche active qui tout à la fois l'entretenait dans sa pieuse douleur et l'empêchait de s'y engourdir.

Pour cette vie humainement brisée, pour ces journées dont chaque heure allait être une inconsolable souffrance, le péril eût été cet engourdissement, et non pas qu'il murmurât et que l'amertume s'emparât de son cœur. Dès le premier instant, il avait prononcé sans réserve le *fiat* du jardin des Oliviers. Et jusqu'au bout il bénirait Dieu dans les larmes comme il l'avait béni dans la joie sainte. La bonne volonté ne lui manque-

rait pas pour porter sa croix, mais peut-être la
force ; il se pourrait qu'il s'absorbât dans la douleur et qu'il en mourût par voie de consomption
lente.

Quelques amis purent craindre pour lui cet
accablement ; et leurs lettres, ainsi qu'on l'a vu,
lui apportèrent de tendres et discrets encouragements à ne point se lasser de poursuivre, en mémoire d'*elle*, toutes les saintes entreprises auxquelles ils avaient travaillé ensemble. Mais déjà
ce qu'ils souhaitaient était accompli ; déjà la
marche *plus avant et plus haut* était reprise, non
seulement dans l'ordre des œuvres de piété, de
charité et de zèle, mais jusque dans le domaine
du devoir public et civique.

En 1883, on le pressa d'accepter de nouveau la
candidature au Conseil général. Cela lui coûta
beaucoup. Vivre dans la retraite en se consacrant
à Dieu et aux pauvres était plus que jamais sa
seule ambition. Mais on lui dit qu'il y avait un
exemple à donner, un combat à livrer pour la
bonne cause, et que, dût-il ne pas réussir, il devait payer de sa personne. Il n'hésita pas. Et il
dit à ses concitoyens dans sa circulaire : « Plongé
depuis seize mois dans la plus profonde douleur,
je comptais rester étranger aux prochaines élec-
tions du Conseil général. Mais beaucoup d'entre
vous me demandent avec instance de les représenter à l'Assemblée départementale, et je ne

crois pas devoir résister à leur appel... Quand il s'agit de témoigner son dévouement au pays, il faut imposer silence aux objections personnelles. » Il s'engagea donc dans la lutte et fit son devoir de candidat avec la conscience et le dévouement qu'il apportait à toutes choses (1). Et ce ne fut pas sa faute si l'aveugle ingratitude du scrutin lui épargna un succès qui n'eût été qu'un sacrifice.

Ainsi portait-il, sans refuser aucun de ses fardeaux, le poids d'une vie où toute joie humaine était désormais éteinte. Dans son extrême humilité il s'accusait de mal souffrir, et il demandait aux amis les plus chers de prier pour lui afin qu'il commençât à *se convertir*. Un d'eux était un saint prêtre qui avait collaboré avec lui à l'œuvre de Saint-Jean, M. l'abbé Petit, vicaire général de Paris (2). Dans l'année qui suivit son veuvage il

(1) Il échoua. Les deux tiers des communes rurales lui donnèrent des majorités splendides qui furent écrasées par les votes du chef-lieu, acquis aux idées et aux passions révolutionnaires. Ce chef-lieu était Saint-Nicolas de Port, comblé de ses bienfaits.

(2) M. l'abbé Petit a laissé une trace profonde et un cher souvenir dans l'administration et les œuvres du diocèse de Paris. Attaché à l'archevéché en qualité de secrétaire par le cardinal Morlot dès le lendemain de son ordination, il fut nommé secrétaire général par Mgr Darboy. Il fut un des otages de la Commune, et il s'en fallut de très peu qu'il ne fût une de ses victimes. Le cardinal Guibert le fit chanoine titulaire, vicaire général honoraire et Supérieur de plusieurs communautés religieuses.

Ses relations avec M. de Lambel datent de ses débuts dans la

lui écrivit une lettre que nous n'avons plus, mais qui sans doute lui disait les tristesses de son âme déchirée et soumise. Elle amena cette réponse vraiment digne de saint Jérôme par sa tendresse et sa vigueur, et que plusieurs autres suivirent. Nous la citons tout entière pour qu'on mesure la hauteur morale où s'élèvent les âmes capables de tenir et d'entendre un tel langage.

16 octobre 1883.

« Cher et vénéré ami,

« Pourquoi avoir hésité à m'écrire ? la pensée en venait du cœur.

« Vous êtes ou plutôt on dirait que vous êtes quelquefois à l'étroit avec le cher et bien-aimé Sauveur. Pourquoi cela ? Il vous aime tant ! N'en trouvez-vous pas la certitude dans les épreuves que sa douce Providence vous a choisies ? Il a

---

vie sacerdotale. « Le patronage de Saint-Jean, dit son biographe, fut son premier ministère continu, son premier contact avec les âmes à diriger et à sauver. Dès son arrivée à l'Archevêché et pendant douze ou treize ans, il alla chaque dimanche au Cercle pour confesser, faire l'instruction et donner le salut. Il aimait les jeunes gens et en était aimé. Beaucoup lui durent des situations honorables, beaucoup lui durent d'être maintenus ou remis dans la voie du bien. M. de Lambel lui a rendu ce témoignage : *Sa foi, sa piété, son cœur ont fait un bien incalculable à l'œuvre de Saint-Jean.* » (*Notes et souvenirs sur l'abbé Petit*, par l'abbé Tapie, p. 153.)

M. l'abbé Petit est mort à Jérusalem en 1888, dans les sentiments de la piété la plus édifiante.

confiance en vous, et c'est pour cela que vous êtes du nombre de ceux qui souffrent. Plus j'y réfléchis, et plus je me persuade que, de ce côté de l'éternité, le cœur nous a été donné non pour jouir, mais pour souffrir. La souffrance n'a-t-elle pas été, sur la terre, l'exercice propre du meilleur des cœurs, du Sacré-Cœur ? Son regard vous a de bonne heure discerné, et il vous a assigné une garde à faire, un poste à occuper dans l'armée de ceux qui, le tenant pour chef, le suivent, chacun portant sa croix. Allons, soldat de la croix, du courage ! et pendant les jours de notre exil, ne nous plaignons pas trop si la campagne est rude. La victoire est à nous ; mais c'est de l'autre côté de l'éternité qu'on en jouira... Je voulais répandre autour de vous l'influence d'un doux rayon de soleil ; et voici que j'ai l'air de charger encore l'épais nuage qui semble vous envelopper. Mais soufflons sur ce nuage, et ayons le cœur en haut. Jésus est avec nous, avec nous ses saints anges, avec tous ceux et celles qui, ayant combattu à nos côtés, goûtent présentement les ineffables douceurs de la paix céleste. »

II

Arrêtons-nous à ce sommet où la souffrance achève la vertu, et essayons de compléter les traits de la chère image qui maintenant nous apparaît tout entière.

Et d'abord nous n'avons pas assez dit par quelles habitudes de *piété* fervente le souverain amour de Dieu s'entretenait dans sa vie quotidienne. Chaque matin le voyait assistant à la Sainte Messe et y communiant, dans quelque état de malaise qu'il pût se trouver ; car il n'y avait pas d'homme qui s'écoutât moins que lui. La méditation venait ensuite ; il ne pensait pas que le temps qu'il y consacrait fût perdu pour les occupations qui se disputaient ses heures ; il y voyait au contraire un moyen très efficace de s'en mieux acquitter et, en même temps, de garder, au milieu de leur variété dispersante, le recueillement intérieur. Il va sans dire que la fin de la journée était consacrée à Dieu par d'autres exercices ; mais il est bon de noter qu'il s'était fait une loi de ne jamais s'endormir sans une préparation sérieuse à la mort.

Son respect pour le saint repos du dimanche était poussé à une délicatesse extrême, et lui faisait éviter avec soin tout ce qui eût gêné ses ser-

viteurs dans son observation. Les exemples en
seraient sans nombre. En voici un bien frappant.
A trois grands kilomètres de Fléville est située,
à mi-côte, la commune de Ludres où il avait
réussi, déjà très âgé, à fonder une Conférence
de Saint-Vincent de Paul. Il s'y était fait ins-
crire comme membre actif; et, pendant ses séjours en Lorraine, il ne manquait pas d'assister
à ses séances hebdomadaires. Or ces séances
avaient lieu le dimanche, seul jour libre pour les
gens de la campagne. Il y allait toujours à pied.
La montée était assez raide, Fléville étant dans
un fond ; pour des jambes de soixante-quinze et
de quatre-vingts ans, c'était un rude labeur ; l'été,
c'était le soleil ardent ; l'hiver, parfois la neige
épaisse. Mais le saint vieillard ne voulut jamais
faire atteler sa modeste voiture, afin que son domestique ne fût pas forcé à ce travail dominical.
On le voyait gravir la pente, seul, à pas lents,
faisant ainsi d'un acte de zèle un acte de respect
et un acte de mortification.

La *mortification !* ceux-là en usent le plus
qui, ce semble, en auraient le moins besoin. La
sienne, suivant cette loi, fut en raison directe de
la pureté et de la générosité de sa vie. Il la cachait
de son mieux ; ce qu'on a découvert après sa
mort est plus que ce qu'on a deviné de son
vivant ; et ce que les hommes en purent ou en
pourront savoir est sans doute peu de chose à

côté de ce qui a eu Dieu seul pour témoin. Elle
s'étendait à tout, surtout aux choses quotidiennes,
où l'on peut s'accorder ou se refuser tant de petites jouissances ; elle allait au-devant des privations comme d'autres au-devant du bien-être,
réduisant au minimum la satisfaction des besoins de la nature et la dépouillant de ce qui
peut lui donner l'attrait du plaisir. Comme saint
Paul, il travaillait à *réduire son corps en servitude* afin de dompter ses révoltes possibles ; et
de là mille petites austérités ou abstentions ina-
perçues dont il se faisait une règle, et qu'il
ajoutait volontairement aux prescriptions de
l'Église. De celles-ci il demeura rigoureux obser-
vateur, même lorsque l'âge l'avait mis dans un
cas de très légitime dispense ; le jeûne de son
dernier carême ne fut pas moins strict que ne
l'avaient été les soixante-sept précédents. Il voulait ainsi, et pour tout de bon, que sa vie fût
pénitente, prenant très au sérieux ce mot sévère
presque aussi oublié aujourd'hui que la chose
elle-même, et voyant, dans la lumière de sa foi,
que toute faute, même légère, appelle une expia-
tion. De là les *instruments de pénitence* qu'il ne
laissait entrevoir à personne, mais dont sa mort
révéla l'existence. Enfin il avait la sainte ambition de ressembler aux pauvres de Jésus-Christ
par le côté qui les rendait si chers au divin
Maître ; et chaque visite qu'il leur faisait lui était,

à cet égard, une leçon d'où il revenait à la fois plus mortifié et plus humble.

Car *l'humilité* lui était aussi une vertu favorite, vertu surtout intérieure qui inspirait la sévérité de ses jugements sur lui-même et le mettait au rang le plus bas dans sa propre estime. Au dehors, elle ne se traduisait pas seulement par la modestie, pour laquelle il suffit de la politesse et du bon goût; elle était le silence sur lui-même, l'effacement toutes les fois que le devoir ne commandait pas de se montrer, l'art de détourner les éloges qui lui étaient un véritable supplice, la conviction intime et sincère qu'il était un serviteur inutile. Tous ceux qui l'ont connu ont conservé le souvenir de cette protestation muette contre tout ce qui tendait à l'élever, de ce goût du dernier rang qui subsistait et transparaissait en lui, alors même que le service de Dieu ou du prochain l'obligeait à se résigner au premier.

Et avec une autre vertu, que le Sauveur a inséparablement unie à l'humilité en sa propre personne comme en sa doctrine, avec *la douceur*, nous revenons de l'invisible au visible. Toute sa vie nous a raconté qu'il était incomparablement bon. Disons maintenant qu'il était incomparablement doux. Ce n'est pas tout à fait la même chose ; on peut être bon sans douceur. Mais à ces bontés-là il manque ce qui assure la conquête des âmes. M. de Lambel était avide de cette conquête, non certes pour lui-même, mais pour Dieu et pour elles. Et cette généreuse ambition lui donna, dès ses premiers essais charitables, la volonté ferme d'être inaltérablement doux avec elles. Pas plus que saint François de Sales il n'y réussit sans effort, car il y rencontrait un obstacle dans la vivacité naturelle de son caractère. Mais il vainquit totalement cet ennemi intérieur. Et il y trouva le secret de vaincre à son tour, auprès de beaucoup d'âmes, toutes les résistances qui les retenaient loin de Dieu, ne se fâchant jamais, écoutant avec patience les plus mauvaises raisons et les plus longs bavardages, répondant aux injures par les bienfaits, laissant au besoin l'œuvre inachevée pour la reprendre en des occasions plus favorables, s'éloignant pour un temps avec une main ouverte et un bon sourire, revenant à la charge avec une persévérance aimable, pratiquant de telle sorte l'alliance du *suaviter* et du *fortiter* que sa force enfin victorieuse était le fruit de son invincible douceur.

III

Il semble qu'il ne reste plus rien à dire. Les vingt-et-une années qu'il vivra encore entre l'incurable blessure de la séparation terrestre et la réunion définitive vont s'écouler lentes et monotones, se répétant les unes les autres, ajoutant beaucoup au trésor de ses mérites, mais n'offrant point de trait nouveau au peintre et au narrateur. Cela n'est pas tout à fait vrai. Outre que plusieurs des détails qui précèdent appartiennent déjà par anticipation à cette dernière période douloureuse, il y a dans ce long déclin de l'âge et dans cette continuité ininterrompue du progrès moral une dernière leçon et un dernier exemple à recueillir. Celui qui avait été le modèle de la jeunesse vertueuse devait être le modèle de cette vieillesse chrétienne où commence, au milieu des ruines du temps, le rajeunissement merveilleux qui s'achèvera dans la vie éternelle. Et je retrouve, très fidèlement tracé, son dernier portrait dans ces lignes exquises dont je ne veux point encore nommer l'auteur :

« Dans la vieillesse, temps d'abandon et d'isolement, la piété rend les épreuves méritoires et consolantes. Le vieillard qui n'est pas chrétien est à charge à lui-même et aux autres. Il a perdu tant d'êtres chéris ! De sa génération il est resté à peu près seul avec ses douleurs et ses infirmités ! Ses facultés lui échappent les unes après les autres et l'avertissent de sa mort prochaine ! Mais s'il est convaincu des vérités de la foi, il s'assure leurs consolations par la pratique des vertus. Il se réjouit même parfois de voir se détruire pour un temps ce corps qui l'empêche de se réunir à Dieu. Il en vient à désirer la vraie vie, celle où il retrouvera les âmes bien-aimées qui lui manquent tant en ce monde ! Il ne regrette pas les plaisirs fragiles d'ici-bas. Une douce sérénité se répand sur ses traits, et il se réjouit de voir arriver le jour qui le rendra bienheureux. »

De nouveaux deuils l'attendaient sur ce chemin qui sera désormais le chemin de la Croix. Il y fut très profondément sensible ; car son cœur, largement ouvert à toutes les affections légitimes, n'était pas de ceux qu'une douleur principale absorbe et remplit au point de les fermer à toute autre. La liste serait longue de ceux qui partirent avant lui, éclaircissant peu à peu les rangs dans sa propre famille, dans celle de madame de Lambel devenue si parfaitement sienne, dans le groupe des vieilles et chères amitiés. Mais deux surtout laissèrent dans sa vie un vide impossible à remplir, et lui retirèrent un précieux appui à l'âge où il est le plus dur d'en faire le sacrifice.

En 1892, il perdit son frère Paul qui, selon toutes les prévisions humaines, était destiné à lui survivre. Ce frère, nous le savons, était *la moitié de son âme,* et lui devait, après Dieu, les solides vertus qui firent sa vie si exemplaire; il lui payait en tendresse, en confiance absolue, en déférence presque filiale la dette d'une gratitude contemporaine de sa naissance. Tout le monde sentit qu'avec lui disparaissait quelque chose d'irremplaçable et que Dieu, en brisant un lien si cher, appelait son serviteur à un nouveau progrès dans le détachement. — Neuf ans après son mari, la vicomtesse de Lambel disparaissait à son tour ; et des deux ménages fraternels qui avaient si longtemps peuplé le château de Fléville, il ne resta plus qu'un octogénaire, gardien des tombes de familles.

En 1899 le sacrifice qui lui fut demandé fut celui d'une affection plus récente, mais qui avait poussé dans son cœur de très profondes racines et y tenait une place presque paternelle.

Lieutenant de vaisseau à 27 ans, à la suite des plus brillants services sur toutes les mers, le comte Henri de Bizemont promettait à la marine française un de ses meilleurs officiers généraux. Également passionné pour son noble métier et pour l'avancement des sciences géographiques, il venait de commencer, en compagnie de Sir Samuel Baker, un voyage d'exploration qui devait les conduire au centre du continent africain, lorsque les premières nouvelles de la guerre franco-allemande le firent retourner sur ses pas pour prendre son poste de combat dans les eaux françaises ; et il ne tint pas à lui que l'occasion ne lui fût donnée d'y payer de sa personne. En 1873, étant officier d'ordonnance de l'amiral de

Dompierre d'Hornoy, ministre de la Marine, il épousa mademoiselle Jeanne de Lambel, fille aînée du vicomte, dont la famille était unie à la sienne par des liens de vieille amitié. Dans ces conditions nouvelles il continua de suivre sa carrière et de s'y distinguer. Deux ans après son mariage, lorsque la guerre carliste compromettait la sécurité de nos nationaux sur la côte espagnole, il commanda l'*Oriflamme* et débarqua à Saint-Sébastien dont l'armée carliste avait commencé le bombardement. « Il s'y maintint aux ordres du consul de France après avoir rapatrié les résidents français et mis sa canonnière à l'abri dans le petit port de Passages » (1).

Il atteignit ainsi le grade du capitaine de frégate (1880) ; il avait alors 41 ans. Deux ans après il prenait sa retraite. Non qu'il eût perdu le goût de son noble métier. Mais, craignant de ne plus être égal aux fatigues qu'il ne s'y était jamais épargnées, il jugea que désormais il servirait mieux son pays sous une autre forme, en se consacrant à la science et aux bonnes œuvres.

Sa vie, à partir de ce moment, fut plus active que jamais. Société de sauvetage, Société de géographie, Société bibliographique, Congrès scientifique international des catholiques, il apporta à ces associations diversement excellentes un

____

(1) *Notice sur le comte de Bizemont*, p. 51.

concours dont le zèle égalait la compétence. Il fut inspecteur principal des établissements de la première, collaborateur assidu de la seconde et vice-président de sa commission centrale, secrétaire général de la troisième. Enfin nous le vîmes, à côté de Mgr d'Hulst, prendre la part la plus utile aux travaux préparatoires de ces Congrès scientifiques dont celui-ci fut l'âme après en avoir été le créateur.

Mais nous n'avons pas tout dit. Cet homme aimable et charmant qu'on ne pouvait entrevoir sans se sentir attiré vers lui, qu'on ne pouvait entendre sans admirer la brillante lucidité de son esprit, sa haute culture intellectuelle et sa compétence dans les questions si diverses qu'il avait à traiter, était avant tout un grand cœur et un fervent chrétien. Entre l'oncle déjà vieillissant et le jeune neveu ce fut là le point de départ et le principe d'une intimité sympathique et d'une tendresse paternelle et filiale qui se resserrèrent de plus en plus jusqu'à la fin. Pour les plus chères de ses grandes œuvres, pour Saint-Jean, pour la Conférence de Sainte-Clotilde, pour les bibliothèques circulantes, l'oncle trouva dans le neveu le plus intelligent des auxiliaires et comme un bras droit. Nous avons cité quelques lignes du rapport lu à Sainte-Clotilde en 1888, ne croyant trouver nulle part ailleurs un tableau plus fidèle des travaux de cette excellente Conférence et des relations étroites qui l'unissent au patronage de Saint-Jean, comme une sœur à un frère ; il est l'œuvre de M. de Bizemont. — Dans les pages consacrées à madame de Lambel on lira la part humble et cachée, mais d'autant plus utile et féconde, qu'elle prenait à l'Œuvre populaire des bibliothèques circulantes. Après elle M. de Bizemont prit cette part de sa succession. « Il fit adopter l'Œuvre par la Société bibliographique ; il travailla à l'organiser dans les environs de Paris, et il espérait bien étendre de plus en plus loin son action bienfaisante. Souvent le soir, après de lourdes journées d'un travail assidu, aux heures où l'on a coutume de se distraire ou de se reposer, il s'asseyait à son bureau, recousait, réparait, recouvrait les volumes détériorés par leurs nombreux lecteurs pour leur faire rendre de nouveaux services (1). » On devine quelle était l'émotion, à la fois douce et triste, de M. de Lambel lorsque, suivant des yeux ou de la pensée ce modeste travail, il y retrouvait *celle* qui si longtemps s'en était occupée près de lui. On devine surtout combien il remerciait Dieu de lui avoir préparé, après elle, un tel continuateur et quelles espérances il fondait sur lui pour le temps où il ne serait plus là.

(1) Rapport du Comité des Bibliothèques populaires du diocèse de Nancy (1898-99).

Dieu avait d'autres desseins. Il voulait appeler à lui en pleine activité, en plein bonheur, dans tout le mérite d'un sacrifice généreusement accepté, le bon soldat à qui la patrie de la terre n'avait jamais fait oublier la patrie du ciel. Il voulait que sa pieuse compagne connût la plénitude des douleurs sanctifiantes. Il voulait que le saint vieillard comprît mieux que Lui seul est nécessaire, et qu'après l'avoir béni des biens dont il nous laisse l'usage, il faut le bénir encore des biens qu'il nous reprend.

M. de Bizemont mourut le 26 mars 1899, dans les sentiments de la foi la plus vive et de la plus entière conformité à la volonté divine. Le vieil oncle le pleura comme un fils, puis se remit en marche. Dans sa vie de plus en plus désemparée il n'y eut rien de changé, mais seulement une sollicitude plus tendre pour la nièce à qui s'imposait le lourd fardeau du veuvage, et un effort plus vaillant pour n'être point un ouvrier inutile au service du souverain Maître. Deux mois après, il présidait le Comice agricole de Fléville, donnant pour sujet à son allocution l'histoire d'un pauvre paysan que tout son village avait surnommé *l'Heureux* et dont le bonheur avait eu pour source unique la piété toujours joyeuse et la bonté toujours obligeante. Il ne retranchait rien des heures destinées aux œuvres que nous avons étudiées avec lui, et à d'autres encore

plus récentes dont il faut du moins nommer
quelques-unes : le Conseil diocésain de Nancy
pour les œuvres d'hommes, la Confrérie de
N.-D. des agriculteurs, la Société d'encouragement. et de bienfaisance pour les campagnes de
Meurthe-et-Moselle, etc. Et d'une main un peu
tremblante il reprenait la plume pour écrire le
petit livre qu'on peut appeler son testament spirituel. Nous en avons cité plus haut quelques
lignes sans en nommer l'auteur. Il mérite de nous
arrêter.

C'est un livre de lectures pieuses, très simple,
à la portée de toutes les intelligences, écrit pour
toutes les conditions, pour tous les degrés d'avancement dans la vie spirituelle. Et c'est un livre
très bienfaisant pour quiconque le lira dans le
même esprit de sincérité et de recueillement qui
a présidé à sa composition. Si vous le feuilletez
d'une main distraite, vous n'y trouverez sans
doute presque rien qui vous frappe ; il vous pa-
raîtra banal dans son fond, presque incolore
dans sa forme ; vous vous direz : il y a longtemps
que nous savons tout cela. Reprenez-le après un
intervalle, et lisez-le avec l'attention que les esprits sérieux apportent à un livre de morale, vous
le jugerez déjà tout autrement ; vous y reconnaî-
trez un plan bien conçu, une connaissance vraie
de la nature humaine, de ses aspirations, de ses

faiblesses et de ses ressources, un accent de sincérité, une solidité de raison qui vous feront
dire : l'auteur était un sage. Relisez-le une troisième fois en le méditant selon la méthode de
Fénelon qui recommande « de lire peu et de
fermer le livre dès qu'on se sent recueilli par
ce qu'on a lu ; » vous sentirez enfin combien ces
choses banales sont profondes et combien oubliées ; vous trouverez dans la simplicité du style
l'esprit même de l'Évangile et de l'*Imitation ;*
vous admirerez le don vraiment apostolique de
dire les choses de l'âme en termes qui ne sont ni
au-dessus de la portée des plus ignorants ni au-
dessous de celle des plus cultivés, et vous serez
bien près de dire : l'auteur était un saint. On me
permettra d'ajouter que je juge ainsi d'après une
triple expérience personnelle.

Le titre est une trouvaille, parce qu'il est un
attrait : *Où trouver le bonheur ?* Et l'auteur, qui
ne veut tromper personne, répond dès les premières lignes de sa préface : *Dans la piété.* Après
quoi son plan se déroule de lui-même. Sans ar-
gumentation ni controverse, ne demandant à son
lecteur que la sincérité, justement persuadé qu'il
suffit d'exposer la vérité aux âmes droites pour
la leur faire accepter parce qu'elle est la vérité,
pour la leur faire admirer parce qu'elle est belle,
pour la leur faire aimer parce qu'elle est bonne,
il consacre ses premiers chapitres à *montrer* la

piété, son essence, ses éléments, ses caractères, comment elle s'impose à tous et est accessible à tous, comment elle assure dès ici-bas le commencement de cette *vita beata* qu'elle achève ailleurs. Dans les suivants et jusqu'à la fin, il *montre* ses fruits dans la vie humaine intérieure et extérieure, personnelle et sociale, les maladies qu'elle guérit, les défauts qu'elle corrige, les vertus dont elle fait la conquête, le caractère de progrès continu, d'ascension du bien au mieux qu'elle imprime à tout le mouvement de notre existence. Il *montre* qu'à chaque degré nouveau de cette ascension correspond, à travers les épreuves, les douleurs et les sacrifices, un accroissement du vrai bonheur. Enfin il nous *montre* nous-mêmes à nous-mêmes, invitant toute conscience sincère à s'avouer à propos de chaque défaut ce qu'elle a à en vaincre, à propos de chaque vertu ce qui lui en manque. Le livre devient ainsi un perpétuel examen de conscience, une perpétuelle comparaison de notre vie telle qu'elle est à notre vie telle qu'elle devrait être, un perpétuel encouragement à la travailler de telle sorte que la copie devienne de plus en plus ressemblante au modèle. Et ce qui, à une première lecture superficielle, avait pu nous y sembler monotone nous apparaît, à le méditer, comme ce qu'il a de plus fécond, de plus vivant et de plus *vécu*.

Car ce livre est vraiment vécu. Très inconsciemment, il est un portrait. La signature du pieux auteur s'y retrouve à chaque page, mais dans celles surtout où sont peintes les vertus qu'il a le plus aimées, qu'il a pratiquées avec le plus de perfection, humilité, résignation, détachement, amour de la paix, bonté, douceur, charité envers le prochain. Pour ceux qui l'ont connu, cela ajoute un charme inexprimable au profit spirituel de la lecture, le charme d'un entretien cœur à cœur avec lui sur les choses de Dieu et de l'âme, le charme d'une vision où il semble revivre tout entier.

Ainsi s'acheminait-il par un sentier mouillé de ses larmes, embaumé par ses bienfaits, sanctifié par la pieuse acceptation de ses douleurs morales et de ses souffrances physiques parfois très pénibles, vers la patrie céleste qu'il avait toujours habitée de cœur et de désir. D'année en année la marche du corps allait se ralentissant ; la marche de l'âme était un vol qui de plus en plus montait vers les hauteurs et dont l'ascension ne cesserait qu'au jour où il plairait à Dieu de dire à son bon et fidèle serviteur : *Entre dans la joie de ton maître.*

L'hiver de 1903 s'était passé à peu près comme ceux qui l'avaient précédé, sans que rien fût retranché soit à ses pieuses pratiques quotidiennes,

soit, malgré toutes les dispenses et tous les conseils, à ses mortifications, soit à son activité charitable. Chaque matin il s'était traîné à une messe
voisine au risque d'être condamné à l'immobilité
pour le reste du jour. Chaque dimanche l'avait
trouvé au patronage de Saint-Jean. Pas une semaine il n'avait interrompu la visite de ses
meilleurs amis, je veux dire de ses chers pauvres.
C'était, nous dit un témoin, un problème d'expliquer comment ce vieillard de quatre-vingt-
huit ans, que l'on rencontrait dans les rues
marchant à petits pas, courbé et comme accablé,
trouvait encore la force de monter les quinze à
vingt étages de sa tournée hebdomadaire.

Quelques jours avant la Pentecôte, il voulut
retourner en Lorraine. C'était, on s'en souvient,
la date de la fête annuelle du Comice agricole
de Fléville. Il ne manquait jamais de la présider ;
et la pieuse mention qui y était toujours faite de
madame de Lambel lui était une douceur. Cette
année encore il tenait à être là. Mais le médecin,
le voyant de plus en plus affaibli, ne permit pas
qu'il fît le voyage sous la seule escorte de son
domestique. Et il dut, — en protestant doucement, comme il faisait toujours lorsqu'on se dé-
rangeait pour lui, — se laisser accompagner et
installer par un de ses neveux.

L'air natal, parfumé de tant de chers souvenirs, sembla d'abord lui apporter quelques forces.

Il put assister sans trop de fatigue au commencement de la séance du Comice où le rapport qu'il avait préparé lui-même fut lu par la voix filiale du comte d'Estampes, son compagnon de voyage. Encouragé par l'apparent succès de cette première expérience, il crut pouvoir aller à Nancy où l'attendaient tant d'œuvres qu'il voulait à toute force reprendre. Mais cette fois l'effort avait été trop grand ; et il dut se résigner désormais à un repos absolu. On lui permit seulement de faire chaque jour le tour de son parc dans une petite voiture ; cette cure d'air semblait être pour lui le meilleur des régimes.

Il y avait environ un mois qu'il était de retour à Fléville. M. et madame Jacques de Lambel avaient remplacé M. d'Estampes auprès de lui. La vie active était visiblement finie pour l'infatigable ouvrier ; mais personne ne pouvait dire pendant combien de temps encore il édifierait par sa patience ceux qu'il avait si longtemps édifiés par son labeur. C'était peut-être une nouvelle et dernière phase qui commençait et un nouvel exercice de vertu avant la récompense.

Le 2 juillet, il voulut se lever vers sept heures pour essayer de se faire conduire à la messe ; mais ses jambes refusèrent tout service. Il put encore demander quelle était la fête du jour ; ni lui ni madame de Lambel n'avaient jamais manqué de s'associer chaque matin, par une prière spéciale, aux intentions quotidiennes de l'Église pendant tout le cours de l'année liturgique. La personne qui le veillait lui ayant répondu que c'était la fête de la Visitation de la sainte Vierge, il voulut dire quelques mots. A ce moment même la paralysie devint totale, lui enlevant toute possibilité de parler, et le privant probablement, d'un seul coup, sinon de toute connaissance, du moins de toute communication avec le monde extérieur. M. le curé de Lupcourt, prévenu en toute hâte, lui administra l'Extrême-Onction (1).

A huit heures et demie du soir, après une longue journée de calme agonie et pendant que tintait l'Angélus, il s'éteignit entre les bras de M. et de madame Jacques de Lambel. Auprès d'eux se trouvaient M. et madame de Miscault, gendre et fille de M. Arthur de Bizemont ; le jeune ménage, alors en garnison à Toul, était venu la veille pour lui faire une visite de vingt-quatre heures, ne se doutant pas qu'il arrivait près d'un lit de mort. Les autres neveux et nièces, appelés par le télégraphe, ne purent arriver que pour les obsèques.

L'Église met sur les lèvres de ses fidèles une prière spéciale pour qu'ils soient préservés de la

____

(1) M. le curé de Lupcourt faisait depuis quelques mois l'intérim de la paroisse de Fléville dont le nouveau curé, M. l'abbé Beaujean, n'était pas encore installé. Ce fut cependant celui-ci qui chanta la messe des obsèques.

mort soudaine et impréparée (1). Mais quand la vie, surtout une vie presque séculaire, en a été la préparation quotidienne, quand toutes ses aspirations ont tendu vers une autre vie qui est la vraie, quand elle a été un long détachement, un perpétuel sacrifice où la douleur montait vers Dieu comme un encens, quand son dernier effort a été pour aller au Dieu de l'Eucharistie, l'apparente soudaineté de la mort n'est-elle pas une grâce, et ne peut-on pas dire avec Bossuet que mourir ainsi, c'est « mourir dans la paix et dans le baiser du Seigneur? »

Ce fut l'unanime sentiment du peuple chrétien qu'il en était ainsi de cette mort et que, s'il y avait un saint de moins sur la terre, il y avait un saint de plus au ciel. Cette unanimité n'est pas nouvelle aux lecteurs de ce livre. Ils l'ont rencontrée pour madame de Lambel, jointe à celle des prières que l'Église réclame pour les plus pieux défunts. Et nous n'aurions qu'à redire de lui ce que nous avons dit d'elle. C'est le dernier trait et le couronnement céleste de leur parfaite union sur la terre.

Est-il besoin d'y ajouter l'universalité des regrets? A la différence de la plupart des hommes de son âge qui, retirés de la scène et ayant sur-

____

(1) *A subitanea et improvisa morte libera nos Domine* (Litanies des Saints).

vécu à presque tous leurs contemporains, sont déjà plus qu'à demi oubliés quand ils disparaissent, M. de Lambel était resté jusqu'au bout en activité de service ; il était pour tous un contemporain en même temps qu'un ancêtre ; et l'on peut dire que la nouvelle, promptement répandue, de sa mort mit toute la Lorraine en deuil.

Aussi toute la Lorraine assista-t-elle, présente ou représentée, à ses obsèques, dont nous dirions qu'elles furent triomphales si ce mot, qui sent l'orgueil humain, n'était trop en contraste avec l'humilité d'une vie qui n'aspirait qu'à être cachée.

En tête du long cortège se pressaient tous ses neveux et nièces, — pourquoi ne dirais-je pas ses fils et ses filles ? — avec leurs enfants : le comte et la comtesse Jacques de Lambel, la comtesse Henri de Bizemont, le comte et la comtesse de Plinval-Salgues, le comte et la comtesse Jean d'Estampes, ainsi que presque toute la famille de Beaumont. Une délégation de l'œuvre de Saint-Jean était venue, bannière en tête, avec son directeur pour associer au deuil des Œuvres lorraines l'hommage de l'Œuvre parisienne qu'il avait le plus aimée. Toute la paroisse de Fléville était là comme une inconsolable orpheline. Puis la foule des amis personnels et la foule plus grande encore des personnes diversement associées à ses travaux charitables. En dépit de son amour de l'obscurité, tous ceux qui, de son vivant, lui avaient épargné la pénible épreuve de la louange reprenaient, en présence de son cercueil, le droit de parler de lui, du moins par le muet langage de leur présence et de leur tristesse.

Mgr Turinaz, évêque de Nancy, n'eût assurément cédé à personne le privilège de donner une voix à ce langage au nom de la sainte Église. Retenu alors en Savoie, il s'était fait représenter à Fléville par M. le vicaire-général Didierdjean qui exprima dans un touchant discours les regrets, la gratitude et les pieuses espérances de tout le peuple chrétien.

Pendant les jours qui suivirent ses funérailles, les notices se multiplièrent en l'honneur de sa sainte mémoire, apportant chacune quelque révélation touchante sur cette vie dont les plus beaux secrets restent cependant et resteront toujours ignorés.

Mais déjà, entre la mort et les obsèques, la plume du plus compétent des témoins avait presque tout dit. Et nous ne saurions mieux terminer cette étude qu'en reproduisant ces lignes presque improvisées d'Henri de Vienne qui d'avance la résumaient :

« 4 juillet.

« M. le comte de Lambel s'est éteint jeudi soir après quelques jours seulement de maladie.

« Le moment n'est pas encore venu de dire ce que fut l'existence de ce grand chrétien ; elle peut se résumer en deux mots : charité et dévouement.

« La charité, M. de Lambel l'exerçait sous toutes ses formes, non seulement celle qui tend au soulagement de la misère et des souffrances physiques, mais aussi et surtout celle qui poursuit l'apaisement des douleurs morales et la sanctification des âmes : faire le bien, le faire aussi largement que possible, à la mesure de sa générosité, de son influence et de ses forces, a toujours été sa constante préoccupation.

« Comité catholique, Conseil diocésain, Société de Saint-Vincent de Paul, Société de patronage, Société bibliographique, Bibliothèque cantonale, Société d'encouragement et de bienfaisance pour les campagnes, Missions diocésaines, il n'est pas d'œuvres d'assistance ou d'apostolat chrétien, soit en Lorraine, soit à Paris, qui ne doivent en grande partie à son activité et à son zèle leur existence ou leur prospérité. A toutes celles dont il avait personnellement la direction il donnait sans compter son temps, ses peines et le meilleur de son cœur.

« Son dévouement au bien public et aux intérêts matériels des populations qui l'entouraient n'était pas moindre : ce dévouement ne s'étendait pas seulement à la commune de Fléville dont il était maire depuis plus de cinquante-cinq ans et au canton de Saint-Nicolas qu'il a longtemps représenté au Conseil général ; il rayonnait sur toute la région de l'Est; et si la voix de tous ceux qu'il a obligés pouvait se faire entendre, quel magnifique concert de louanges et de reconnaissance célébrerait sa mémoire !

« Il aimait passionnément la France que son père avait vaillamment servie sur les champs de bataille. Mais au culte de la grande patrie il associait étroitement l'amour de la terre lorraine, comme on le voit par les nombreuses biographies où il s'est appliqué à populariser ses gloires les plus pures.

« Le souverain Pontife, pour reconnaître les éminents services rendus à l'Église par le fidèle disciple du Christ, l'avait nommé, il y a quinze ans, commandeur de l'ordre de Saint-Grégoire le Grand ; mais si honoré qu'il fût de cette distinction, sa modestie l'avait toujours empêché d'en porter les insignes.

« Bien que courbé et affaibli par le poids des années, il s'obstinait avec une indomptable énergie à ne rien retrancher des habitudes de sa vie laborieuse et à se refuser le repos que réclamait sa santé. Il voulait vivre et mourir en soldat, toujours sur la brèche, luttant jusqu'au dernier souffle pour les grandes causes auxquelles il s'était voué.

« Dieu lui a fait cette grâce. Il est mort en chevalier sans peur et sans reproche, les yeux levés vers le ciel, attendant avec une pieuse confiance la récompense promise aux miséricordieux et aux humbles. »

Encore un mot cependant ; c'est lui qui le dira.

D'avance il avait adressé à tous ses compagnons d'armes dans les combats de la charité chrétienne un dernier adieu, une dernière recommandation, une dernière marque de fraternelle affection, voulant que ces lignes fussent distribuées à chacun d'eux après sa mort, et qu'ils les trouvassent au verso de son mémento mortuaire. Les voici dans leur simplicité touchante ; elles seront les dernières de ce livre :

Chers confrères et chers associés,

J'ignore si, lors de mon départ pour la vraie vie, je serai encore occupé des pauvres avec vous ; mais j'attache du prix à vous rendre grâces pour le bien spirituel que vous m'avez fait, à vous remercier du fond de l'âme de vos exemples édifiants, et à vous dire que je déplore les circonstances où j'ai pu vous scandaliser par ma tiédeur et par d'autres fautes commises en votre présence ; je vous prie de me les pardonner.

Je n'ai pas besoin de vous demander de continuer à travailler au développement de nos œuvres et à les maintenir dans l'esprit chrétien qui les a animées jusqu'à ce jour. C'est là un de mes vœux les plus ardents ; j'ai la confiance qu'il sera exaucé.

En retour de l'attachement et de la déférence que je vous ai voués, ayez la charité de vous souvenir devant Dieu de votre humble serviteur. Je vous promets de mon côté de prier pour vous, afin que le Seigneur daigne vous bénir de plus en plus, et couronner un jour votre charité dans le Ciel où nous serons ensemble si heureux pour toujours.

LA COMTESSE

ALEXANDRE DE LAMBEL

1882

LA COMTESSE

ALEXANDRE DE LAMBEL

(1882)

LA COMTESSE
ALEXANDRE DE LAMBEL

(1882)

Ces courtes pages ne sont ni une oraison fu-
nèbre, ni une biographie. La première ne con-
viendrait pas à l'humilité de la sainte et noble
femme qui vient de laisser derrière elle tant de
douleurs humainement inconsolables. Et le
soin qu'elle prit toujours de cacher le plus
qu'elle pouvait de ses œuvres laisse hors de notre
portée, entre les mains de Dieu seul, la plupart
des documents qu'il eût fallu rassembler pour
écrire la seconde.

Toutefois, quand s'achève une de ces vies dont
la beauté morale est allée grandissant jusqu'à la
dernière heure, et auxquelles il a été donné
d'exercer, par l'exemple et le zèle, une salutaire

action sur les âmes et sur la société, c'est presque
un devoir chrétien et social de parler d'elle, non
pour lui attirer un renom d'outre-tombe, mais
pour prolonger, pour étendre s'il se peut, le fécond rayonnement de sa vertu, et pour tourner
les cœurs vers Celui qui en fut le principe avant
d'en devenir la récompense. C'est en me plaçant
à ce point de vue que j'oserai rendre un discret
hommage à la chère et vénérée mémoire de Madame la comtesse de Lambel; il me semble que
c'est la manière de répondre au sentiment de
ceux qui l'ont connue, de payer, au nom de tous
ceux à qui elle a fait du bien, la dette sacrée de
la reconnaissance, d'associer les âmes chrétiennes
à un deuil dont il faut respecter les saintes tristesses, mais dont il faut aussi partager et soutenir les saintes espérances.

I

Madame Marie-Anne-Jacqueline de Beaumont,
comtesse de Lambel, née le 23 septembre 1822,
au château de Saint-Ouen, en Touraine, appartenait par sa naissance à l'une de ces familles où
la noblesse du sang est, avant tout, l'hérédité des
vertus publiques et privées. Son père était un
grand chrétien qui donna dans sa vie militaire
l'exemple de la fidélité à Dieu en même temps

qu'au drapeau. En 1830, déjà lieutenant-colonel,
appelé à la pairie par droit héréditaire, il brisa,
pour obéir à sa conscience politique, une carrière
qui promettait d'être brillante et peut-être glorieuse. Sa vénérable et sainte mère, qui devait la
précéder de bien peu dans la mort, c'est-à-dire
dans la vie véritable, dirigea son éducation avec
une tendresse austère qui ne contribua pas peu à
tremper son âme, à transformer en dévouements
réfléchis les élans naturels qui la portaient aux
actions généreuses, à développer et à régler tout
ensemble les heureuses facultés de son intelligence.

La culture fut excellente; mais la nature et la
grâce lui avaient préparé un sol régulièrement
fertile. De très bonne heure, l'enfant fit pressentir
ce que devaient être la charmante jeune fille et
la femme accomplie. Un détail, le seul qu'il nous
ait été donné de recueillir de son enfance, mon-
trera ce que furent les premières promesses de
cette âme qui devait les tenir et les dépasser toutes.

A Melun, où le marquis de Beaumont, son
père, était en garnison comme officier de la garde
royale, elle sauva la vie de son frère Jacques qui
venait de tomber dans une pièce d'eau. Seule
témoin de l'accident, la courageuse enfant, qui
n'avait alors que six ans, garda toute sa présence
d'esprit, n'hésita pas à entrer très avant dans
l'eau, et, sans aucun secours, parvint à retirer

son petit frère. Alors seulement, l'œuvre étant
accomplie, elle songea à crier. Madame de Beaumont et les personnes qui étaient restées au salon accoururent et virent les deux enfants au
bord, ruisselants, grelottants et tremblants. Se
posséder toujours et s'oublier toujours pour autrui, ce sera plus tard la règle et le caractère de
sa vie; n'en avons-nous point ici déjà le présage
et le symbole?

Elle en fit l'apprentissage d'une autre manière
encore pendant les premières années de sa jeunesse. Se posséder et s'oublier, ce sont aussi les
deux conditions essentielles pour réussir dans la
tâche de l'éducation. Mademoiselle de Beaumont
eut le bonheur d'être associée à ce ministère auprès de son frère Albert, de dix ans plus jeune
qu'elle. Elle dirigea ses premières études et travailla pour sa part à tourner vers Dieu l'âme de
cet enfant dont elle était marraine. Elle avait
pris très au sérieux les engagements de cette maternité spirituelle; elle en connut les responsabi-
lités et les joies, elle en devait connaître trop tôt
les douleurs ! L'enfant devint l'abbé de Beaumont qui fut le restaurateur du grand pèlerinage
de Saint-Martin, et dont la courte vie se prodigua
tout entière aux œuvres de zèle, de prières et de
charité (1).

(1) L'abbé Albert de Beaumont, premier chapelain de Saint-

La forte éducation intellectuelle que reçut Mademoiselle de Beaumont n'eut point pour résultat unique, ni même principal, de meubler, d'orner son esprit, et d'ajouter à la distinction native de son langage un je ne sais quoi d'achevé qui s'alliait chez elle avec la simplicité la plus sincère. Il lui en resta ce qui reste trop rarement, le goût des occupations studieuses, à commencer par la lecture, le discernement délicat et sympathique des belles choses, une habitude de réflexion qui n'ôtait rien à la généreuse spontanéité de ses enthousiasmes, mais les dirigeait où il faut, vers le plus juste et vers le meilleur. Je ne crois pas qu'on pût rencontrer un plus heureux tempérament de ces dons divers qui sont faits pour se compléter, qui parfois semblent s'exclure, et qui ne sont réunis à ce degré que dans les âmes parfaitement droites et belles, détachées d'elles-mêmes, éprises du vrai et du bien, je dis du vrai et du bien ramenés à leur source divine.

Tous ceux qui ont eu l'honneur d'approcher la comtesse de Lambel, ceux surtout à qui elle a permis de la consulter dans quelque circonstance difficile, entendront bien ce que je veux dire.

Martin; chanoine honoraire de Tours, est mort dans sa 34ᵉ année, le 29 août 1867. Il accueillit l'annonce de sa mort prochaine par ces mots de la Sainte Écriture : *Lætatus sum in his quæ dicta sunt mihi; in domum Domini ibimus.* (Je suis réjoui de la nouvelle qui vient de m'être donnée. Nous allons donc entrer dans la maison du Seigneur!)

Dans ce noble esprit, où tant de fermeté s'alliait à tant de douceur, ils n'ont rien tant admiré que la justesse, cette justesse haute et large qui prenait toute question par ses grands côtés, cette justesse courageuse qui n'hésitait pas à leur conseiller, comme elle l'eût fait à elle-même, le parti qui devait coûter le plus, quand il lui semblait, après avoir médité et prié, que la vérité et l'appel de Dieu étaient du côté du sacrifice. Un d'eux a raconté que, dans une délibération de ce genre, — qui dura une année entière, tant les suites étaient graves pour toute une vie, et tant les raisons contraires semblaient se balancer, — ce fut par elle que lui vinrent les clartés les plus justes, avant la lumière finale qui décida tout dans le sens qu'elle avait indiqué. Elle savait que son avis serait douloureux à suivre ; elle le dit avec une tristesse affectueuse, mais avec une précision loyale. Et ceux dont l'opinion avait été différente savent aujourd'hui à quel point elle avait vu clair en disant à celui qui la consultait : Votre place est là.

II

Mademoiselle de Beaumont épousa, le 18 juin 1845, le vicomte Alexandre de Lambel. Les deux familles qu'unissait cette alliance ne sont pas les seules à conserver le souvenir de cette date bénie. Pour une troisième famille elle fut, pendant plus d'un quart de siècle, une date de fête, et, disait l'un de ses membres, une journée de paradis terrestre. Quand l'année la ramenait, on voyait, dès le matin, une file de voitures et d'amples chariots s'arrêter devant la maison que les Petites Sœurs des pauvres de Nancy occupent au faubourg Saint-Pierre. Tout le personnel de l'établissement, les *bons hommes*, comme on les appelle, les *bonnes femmes*, les Petites Sœurs, qui leur sont de vraies mères, y montaient : et, une heure après, on était au château de Fléville. Là, le châtelain et la châtelaine s'appliquaient jusqu'au soir à choyer, à divertir, à *traiter* ces pauvres gens, à les servir avec un pieux respect, à leur faire une de ces journées féeriques, ou plutôt célestes, dont l'attente et le souvenir les charmaient pendant des semaines entières. Ce détail ne suffirait-il pas à faire deviner ce que fut l'union qui célébrait ainsi ses anniversaires ?

Dieu lui refusa la joie des berceaux ; et ce fut une épreuve longtemps douloureuse. Oserai-je dire que ce fut une grande tristesse et presque un étonnement, pour ceux qui devinaient ce qu'eussent été les fils et les filles d'un tel père et d'une telle mère? Peut-être. Mais si la Providence a des secrets qu'elle ne nous dit pas et qu'il faut adorer sans les connaître, elle en a aussi qu'elle nous permet de pénétrer. Elle sépare de la famille le prêtre et la religieuse, non pour laisser sans emploi les trésors de dévouement paternel et maternel que contiennent ces cœurs d'hommes et de femmes, mais pour les répandre et les donner en patrimoine à la multitude des âmes, à la multitude de ceux qui souffrent et pleurent. N'a-t-elle point fait ici quelque chose de semblable ? Et n'a-t-elle point voulu, en même temps qu'elle montrait au monde l'usage que les vrais chrétiens savent faire du sacrifice, rendre ceux-ci plus disponibles pour la pieuse mission, mission aussi de père et de mère, qu'elle allait proposer à leur dévouement ?

D'ailleurs, elle destinait la comtesse de Lambel à donner son affectueuse sollicitude à de nombreux et chers enfants qui sont nés, ont grandi, ont vécu tout près d'elle, qu'elle a toujours aimés avec une incomparable tendresse et qui la pleurent comme une seconde mère.

C'est auprès d'eux qu'elle fut appelée à utiliser les rares aptitudes maternelles qu'elle avait déjà développées au profit de son jeune frère. Elle ne se fût point immiscée d'elle-même dans cette mission qui lui souriait beaucoup, mais elle accepta avec empressement la part qui lui fut faite ; et, en même temps qu'elle veillait avec un tact exquis à ne jamais empiéter sur les droits des pères et des mères, elle apporta à sa tâche une persévérance tranquille, une chrétienne hauteur de vues, un dévouement ingénieux et tendre dont le souvenir garde toute sa fraîcheur dans plus d'un cœur reconnaissant.

Elle était fort éloignée, en matière d'éducation, de ce qu'on appelle l'esprit de système, de cet esprit étroit et absolu qui, ne voulant tenir compte ni de la diversité des caractères, ni de ce qu'il y a de délicat et de fragile dans l'âme des enfants, prétend les courber tous sous un même niveau inflexible, les jeter indistinctement dans le même moule et opérer sur ces forces vivantes comme un physicien opère sur la matière et un mathématicien sur des quantités abstraites. Mais elle ne l'était pas moins d'un genre d'éducation qui abandonne tout au hasard des circonstances, sans réfléchir ni sur le moyen ni sur le but, et qui, procédant par impulsions et par caprices, laissant passer aujourd'hui les fautes graves, sévère à l'excès demain pour des fautes légères ou imaginaires, se condamnant par là d'avance à l'injustice, se discrédite auprès de ceux qu'elle prétend diriger. Elle avait un but parce qu'elle avait des principes ; l'application de ces principes, le choix des moyens qui conduisent à ce but furent chez elle l'heureuse résultante de la réflexion et de la prière, de la raison et de l'expérience, de la rectitude de l'esprit et du dévouement du cœur.

L'éducation, telle qu'elle la concevait, embras-

sait tout : l'âme pour l'élever à Dieu, la conscience pour la former et l'éclairer, l'esprit pour
le cultiver, le cœur pour le dilater, la volonté
pour la tremper et la diriger vers le bien.

Accoutumer les enfants à écouter la voix de
Dieu qui leur parle par la conscience, et à ne jamais la laisser étouffer par celle de la passion ;
rendre vivant en eux le sentiment de la présence
de Dieu et leur inspirer son amour avec une
crainte respectueuse et tendre de l'offenser ; rattacher à ce premier devoir tous les autres devoirs :
le respect et l'amour des parents, la charité envers tous, l'habitude et le goût du travail, la pureté délicate des mœurs ; combattre l'égoïsme,
l'orgueil, la colère, l'indolence, les défauts de caractère, tel était son programme *pour eux*. Mais
elle sentait que, pour le remplir, le maître doit y
mettre beaucoup du sien, éviter beaucoup
d'écueils, pratiquer beaucoup de vertus. Son programme, *pour elle-même*, fut d'apporter à sa tâche
cette égalité d'âme qui est la condition pour voir
juste, pour agir avec mesure, pour tempérer l'une
par l'autre la fermeté et la bonté ; d'éviter non pas
certes les encouragements qui animent à bien
faire, mais les louanges excessives qui alimentent
l'orgueil et les gâteries qui produisent la mollesse ; de ne jamais céder aux caprices des enfants ; de savoir les punir, mais de telle sorte
qu'ils se sentissent aimés jusque dans la correc-

tion, qu'ils n'y découvrissent ni un mot, ni un regard qui pût être soupçonné d'injustice, et qu'ils comprissent toujours, du moins après le premier moment, qu'elle n'avait pour but que de les améliorer.

Ceux-là seuls qui l'ont vue à l'œuvre savent quelle fut sa courageuse fidélité à ces principes, ce qu'elle apporta de patience, d'abnégation, d'industries ingénieuses à les suivre ; comment elle savait expliquer l'Évangile à ces jeunes âmes et en tirer l'enseignement approprié à chacune d'elles ; comment elle excellait à entretenir ou à ramener entre elles la paix et le mutuel support ; comment elle leur inspirait la généreuse ardeur d'avoir une justice plus parfaite que celle des Scribes et des Pharisiens ; comment elle donnait la leçon qu'il fallait, à l'heure et avec le ton qu'il fallait ; comment bien souvent ce lui fut assez d'un regard pour rappeler cette leçon au moment où on allait l'oublier ; comment elle ranimait les courages en présence de quelque travail plus aride ou de quelque obligation plus pénible, et prenait occasion de ces petits surcroîts d'efforts pour faire entrer plus profondément dans les cœurs cette virile devise : *le devoir avant tout.* On savait que c'était la sienne, et son exemple était encore la meilleure des leçons.

On se tromperait beaucoup si on pensait qu'une éducation si sérieuse fût monotone et triste.

C'était tout le contraire. Outre que la tendresse qu'elle ressentait et qu'elle inspirait eût suffi à y répandre un charme incomparable, Madame de Lambel avait le plus rare talent pour mettre, soit dans le travail même, soit dans les heures de délassement, cette vie, cet entrain et, si je puis dire, ces rayons de soleil dont les enfants ont besoin pour s'épanouir. Elle était, elle fut jusqu'à la fin de sa vie, une merveilleuse organisatrice d'amusements juvéniles. Quand une fête de ce genre était annoncée, on en parlait d'avance, on en parlait longtemps encore après, on s'en souvenait toujours. Et pendant les jours pluvieux ou les longues soirées d'hiver, les heures, grâce à elle, s'écoulaient encore rapides, charmantes et fructueuses entre les récréations improvisées, les lectures bien choisies et mêlées de réflexions qui en doublaient le prix, et les attrayantes causeries où on eût toujours voulu lui laisser la parole, mais où les jeunes esprits et les jeunes cœurs, épanouis au contact du sien, avaient aussi leur part.

On ne finirait pas sur cet article si l'on voulait ouvrir libre passage à la foule des souvenirs, à ceux par exemple des premières communions où elle se consacrait avec un redoublement de tendresse, de sollicitude et de ferveur à préparer les petites âmes que le Dieu de l'Eucharistie allait choisir pour tabernacles, à ceux encore des œuvres charitables et de la visité des pauvres dont le noviciat se faisait si bien sous sa conduite. Mais nous devons nous souvenir que nous n'écrivons pas un livre et que, d'ailleurs, ici comme en tout le reste, ce qui n'a eu que Dieu pour témoin est plus profond et plus excellent que ce que les hommes ont pu entrevoir.

III

Devenue tout à fait Lorraine par son mariage, Madame de Lambel avait complètement accepté le proverbe : *Qui prend mari prend pays;* elle l'appliquait à la direction de sa vie et le comprenait dans son acception la plus haute et la plus étendue.

Nous dirons un peu plus loin ce que furent en Lorraine les œuvres de sa charité. Mais comment ne pas rappeler ici tout d'abord sa filiale tendresse pour son vénérable beau-père, le général comte de Lambel? Aimée de lui comme une vraie fille, elle charma ses dernières années ; elle lui fut plus que l'ange consolateur, elle lui fut l'ange qui conduit doucement à Dieu. Comment ne pas rappeler aussi avec quelle plénitude de dévouement et d'affection elle *épousa* toute sa nouvelle famille, sans laisser se détendre aucun des liens qui l'unissaient à celle où Dieu l'avait fait naître ?

Enfin, comment omettre de dire que les amis de M. de Lambel devinrent tout à fait les siens ? Ils ne me pardonneraient pas de laisser ignorer à quel point ils ont goûté le charme et apprécié l'honneur de cette loyale et cordiale affection, qui les acceptait à cause de celui qui les apportait avec lui comme une partie très chère de son passé et de son cœur.

Les choses, je le sais, ne vont pas toujours ainsi. Il arrive souvent que le mariage porte quelque atteinte aux amitiés qui l'ont précédé, que l'affection nouvelle et souveraine est un peu ombrageuse, qu'elle redoute instinctivement la concurrence de ces premières occupantes, et qu'elle tend, peut-être sans se l'avouer, à restreindre leur place. Cela arrive, et c'est grand dommage. Mais, grâce à Dieu, cela n'arrive pas entre âmes vraiment chrétiennes et vraiment grandes. Les amitiés qui ont escorté le jeune homme jusqu'au mariage et n'ont été que de nobles fraternités d'armes en vue du bien et de la vertu, ces amitiés-là peuvent garder leur place d'autrefois au foyer transformé et agrandi. La jeune épouse, si elle a le cœur très bien placé, sentira qu'aucune usurpation ne menace de ce côté sa royauté légitime ; elle comprendra qu'il y a place dans l'âme humaine pour des affections de diverses sortes qui

se soutiennent mutuellement, loin de se porter
préjudice. En entrant dans les amitiés de son
mari, non seulement pour les accepter en dehors
d'elle et à côté d'elle, mais pour les partager, elle
resserrera encore l'intimité de l'union conjugale.
Les deux âmes goûteront ainsi la douceur d'aimer les mêmes personnes aussi bien que les
mêmes choses. Et le mariage, au lieu d'affaiblir
l'amitié, aura pour effet de l'embellir et de
l'étendre. Ce fut avec cette sagesse et cette délicatesse, avec cette cordialité simple et cette noble
élévation, que Madame de Lambel comprit ce
côté de la vie ; et si j'ai cédé à la tentation d'en
esquisser la théorie, c'est parce que j'en trouvais
dans son exemple le rare et charmant modèle.

IV

Il faut rapporter encore au proverbe *qui prend
mari prend pays*, la direction toute lorraine que
Madame de Lambel donna à son goût éclairé et
actif pour l'art chrétien. Il y a là, dans la belle
unité de cette vie où rien ne fut inutile, un intéressant épisode qui mérite d'être regardé de près.

Elle avait au plus haut degré le sentiment du
beau en toutes choses, non pas de ce beau qui
n'est qu'un spectacle brillant et un plaisir stérile
pour l'imagination ou les yeux, moins encore du

luxe qui n'est que la contrefaçon sensuelle et païenne, inintelligente et vulgaire de la beauté, mais de ce vrai beau qui, ne se séparant jamais de son principe divin, élève le niveau moral de l'homme, inspire les bonnes pensées, se traduit en bonnes actions et parle un langage à la fois noble et clair, intelligible aux âmes les plus ignorantes comme aux plus cultivées. Ce fut avec cet esprit qu'elle conçut et dirigea dans leur exécution deux des plus intéressantes œuvres d'art qu'on puisse visiter en Lorraine, la galerie des ducs de Lorraine au château de Fléville, et la nouvelle église de cette heureuse paroisse.

La galerie, grâce à laquelle l'intérieur du château de Fléville répond pleinement à la beauté architecturale de l'édifice, fut sa pensée et son ouvrage, non seulement quant au plan et à l'ordonnance générale, mais quant aux détails de l'exécution, pour bon nombre desquels elle fournit le dessin en même temps que l'idée. Toute la glorieuse histoire de la petite et illustre nation lorraine revit dans cette salle dont le caractère le plus frappant est la simplicité dans la grandeur : croix de Lorraine et de Jérusalem semées sur le bleu pâle du plafond ; alérions et barbeaux de Lorraine et de Bar aux voussures ; armoiries des ducs et duchesses de Lorraine, peintes sur les panneaux selon l'ordre chronologique, depuis Gérard d'Alsace jusqu'à Stanislas, avec la riche variété de leurs devises et de leurs supports ; armoiries des villes lorraines, peintes sur les verrières ; dessus de portes en grisaille représentant, avec une couronne de noms lorrains, la religion, la guerre, les lettres et le droit, les sciences et les arts ; enfin, pour donner une voix à ces grands souvenirs déjà si éloquents par eux-mêmes, six parchemins qui, se déroulant entre le plafond et les voussures, portent de mémorables paroles de Jeanne d'Arc, *la bonne lorraine qu'Anglois bruslèrent à Rouen* (1), de René II (2), de Philippe de Gheldres (3), de François de Lorraine, duc de Guise (4), du B. Pierre Fourier (5), de Léopold (6). Le souffle chevaleresque, le culte des grands ancêtres et des grands exemples du passé, la pensée chrétienne dominant tout et fécondant tout avec ses trésors de charité et d'héroïsme, ce sont là les belles leçons que recueillent les visiteurs de la galerie des ducs. Mais qu'ils les recueillaient bien surtout, quand ils y avaient pour guide la

(1) « J'aimerais mieux mourir que de pécher contre la volonté de Dieu. »

(2) « Capitaine, quand maux voudras faire, enquiers conseil de moi, et point n'en feras. »

(3) « Il n'est trésor qui vaille l'amour d'une âme envers son Dieu. »

(4) « Si ta religion t'ordonne de m'assassiner, la mienne m'ordonne de te pardonner. » — (A un protestant, après une tentative d'assassinat.)

(5) « Etre utile à tous, ne nuire à personne. »

(6) « Je quitterais demain ma souveraineté, si je ne pouvais faire du bien. »

noble châtelaine elle-même! Elle avait pensé à eux sans les connaître, en concevant un plan dont l'exécution devait laisser dans leur esprit une impression salutaire en même temps qu'un souvenir charmé; et c'était bien pour eux qu'avait été composée l'intéressante notice qui en est le très instructif commentaire. Mais les explications qu'elle donnait, discrètes, délicates, simples, valaient mieux que tous les commentaires; l'impression demeurait d'autant plus forte qu'elle avait été plus douce, et le but était atteint.

Quinze ans plus tard, Madame de Lambel présidait avec plus d'amour encore à la reconstruction de l'église paroissiale de Fléville; car elle aimait mieux la maison de Dieu que la sienne. On ne fera certainement pas tort au talent de M. Vautrin, son habile architecte, en rappelant que, pour la conception de cette œuvre exquise, il trouva en elle la plus intelligente des collaboratrices et que plus d'une heureuse inspiration vint d'elle. Elle fit le voyage de Spire tout exprès pour étudier, en vue de son cher sanctuaire de village, l'ornementation de l'immense basilique où prêcha saint Bernard. Cela seul suffirait à montrer quelle importance elle attachait et quelle part elle prenait à ce travail, destiné à rendre la maison de Dieu plus digne de son hôte divin et plus attrayante au peuple chrétien qui vient y puiser sa vie.

Car madame de Lambel, en dehors des déplacements annuels, nécessités par sa double résidence et par ses visites filiales en Touraine, *voyageait très peu*, quoique personne ne fût plus sensible qu'elle aux beautés qui nous attirent vers les pays privilégiés de la nature ou de l'art. Elle n'a jamais dit pourquoi ; mais il ne faut pas, ce semble, faire un grand effort pour deviner dans cette sainte âme deux motifs, l'un de charité, l'autre de mortification. Elle aimait mieux que l'argent du voyage restât l'argent de l'aumône ; et c'était pour elle une noble joie d'offrir à Dieu, en la personne de ses pauvres, le sacrifice d'une jouissance permise à laquelle tout semblait la convier.

Je ne décrirai pas l'église de Fléville qui est bien, étant donné son style et ses dimensions, ce qu'on peut rêver de plus religieux, de plus harmonieux quant aux lignes et à la couleur, de mieux entendu et de mieux combiné jusque dans le dernier détail, de plus attirant et de plus parlant. J'aime mieux renvoyer le lecteur à la notice historique et descriptive, composée moins pour les visiteurs et les amis du dehors que pour les paroissiens eux-mêmes, et je me contente de détacher de cette notice les lignes qui la terminent :
« Nous confions ce pieux monument à la garde,
« à la vénération des habitants actuels de la pa-
« roisse et des générations futures. Puissent-ils

« y venir souvent pour se fortifier dans l'horreur
« du mal et dans l'amour du bien ! Puissent-ils
« s'y plaire comme dans l'asile sacré où ils pas-
« seront les heures les plus douces et les plus
« heureuses de leur vie ! Puissent-ils le chérir
« plus encore que le foyer de la famille, retrouvé
« toujours avec tant de joïe ! Puissent-ils enfin,
« agenouillés aux pieds du divin Maître, lui de-
« mander quelquefois pardon et miséricorde en
« faveur de ceux qui les aiment depuis longtemps
« et qui leur donnent ce sanctuaire avec l'ardent
« désir de les y attirer ! Là, ils trouveront la paix,
« la consolation, la force, la lumière, et ils pui-
« seront abondamment à la source vive des seuls
« biens qui ne périssent pas (1). »

V

Arrivé à ce point d'une trop rapide esquisse,

(1) Madame de Lambel a laissé ailleurs qu'à Fléville des témoignages de son zèle pour la décoration des sanctuaires.

La basilique de Saint-Epvre de Nancy, celle de Saint-Nicolas-
de-Port, l'église de Jarville, la chapelle des Oblats au Montet,
et d'autres encore ont reçu ses larges aumônes. Elle aimait à
procurer aux paroisses rurales des statues du Sacré-Cœur dont
chacune est devenue, grâce à elle, un centre d'association et de
prière. Et nous savons que, si le superflu ne suffisait pas à ces
pieuses largesses, elle y mettait quelque chose de son nécessaire,
en renonçant à des dépenses personnelles presque indispensables.

je ne suis pas libre de dire tout ce que je voudrais
dire. Quand deux âmes se sont données sans
retour l'une à l'autre sous la bénédiction de
Dieu, quand elles ont vu avant tout, dans cette
union parfaite du mariage, le devoir qu'elle impose et la facilité qu'elle procure de se porter
mutuellement au bien par le conseil et l'exemple,
par le concours et l'émulation, quand ces deux
vies, qui désormais n'en font qu'une, sont comme
un navire en marche vers le Ciel sur l'immense
océan de la charité, c'est une entreprise impossible, ce semble, — et c'est pourtant ce que je
voudrais faire, — de parler de l'une en se taisant
de l'autre. Je me tairai, parce que la vertu des
vivants a, comme leurs douleurs, des secrets et
des pudeurs qu'il faut respecter. On devinera que
les œuvres de la comtesse de Lambel ont été
tantôt une collaboration, tantôt une part spéciale
résultant d'une division concertée du travail, et
que les premiers pas de la jeune femme de vingt-
deux ans, dans la carrière où elle en fit de si
grands, durent être dirigés, éclairés, soutenus
par une expérience plus formée que la sienne.
C'est grâce à cette collaboration, qu'à Paris et en
Lorraine, des œuvres entreprises non pas au nom
d'un système, mais par un pur principe de dévouement, d'amour souverain pour Dieu s'épan-
chant en zèle infatigable pour le bien des âmes,
en compassion active et ingénieuse pour toutes

les variétés des misères humaines, ont formé un ensemble qui est proprement *le patronage chrétien* dans toute sa beauté, ce patronage qui, pratiqué partout où il peut l'être et partout comme il doit l'être, apporterait à notre temps et à notre pays la solution pacifique de ses redoutables questions sociales.

Citons d'abord, à Paris, le patronage des jeunes apprenties et ouvrières de la paroisse Saint-Pierre du Gros-Caillou. Madame de Lambel le fonda peu d'années après son mariage, avec le concours de madame la comtesse de Gontaut-Biron, de madame la duchesse d'Avaray, de madame la comtesse de Levis-Mirepoix, de madame la comtesse de Moustier et de plusieurs autres vaillantes chrétiennes; elle ne cessa de s'en occuper de très près jusqu'à la fin de sa vie. Des milliers de jeunes filles ont, depuis trente ans, fréquenté cette œuvre bénie et lui ont dû la conservation de leur vertu, plus tard la pureté et la dignité de leur foyer et ce qu'elles ont donné à leurs enfants de saintes croyances, d'habitudes d'ordre, de discipline et de travail. Lorsque, affaiblie déjà par la maladie, la fondatrice ne pouvait plus venir à la maison des Sœurs où les enfants se réunissaient, elle appelait la maison à elle; et les jeunes patronnées ne cessèrent point, tant que sa voix eut un souffle, de recevoir les conseils, les bienfaits et les tendresses de celle qu'elles appelaient leur mère. Chaque année aussi, dans les derniers temps, elle convoquait au même bercail les patronnées d'autrefois, prolongeant ainsi sur elles l'action préservatrice, et encourageant leur persévérance dans la vertu chrétienne.

Depuis que madame de Lambel est allée à Dieu, plusieurs de ses amies, inspirées par le désir d'honorer sa mémoire et de suivre son exemple en faisant plus large dans leur vie la part de la charité active, ont voulu s'associer à cette œuvre de patronage. Tout récemment, dans une réunion nombreuse, M. le curé de Saint-Pierre du Gros-Caillou a chaleureusement exhorté les nouvelles patronnesses à continuer les traditions de la fondatrice, et a fait connaître aux patronnées les généreuses dispositions testamentaires de *leur mère :* la somme léguée a été placée et, chaque année, un livret de caisse d'épargne deviendra pour elles un perpétuel encouragement au bien. Parmi celles-ci se trouvait (et elle n'est pas la seule) une jeune mère tout en noir qui portait depuis trois mois le deuil de sa chère bienfaitrice.

L'œuvre des apprentis de Saint-Jean, établie dans le même quartier, n'était pas son lot dans la division du travail. Mais la charité ne respecte pas toujours ces sortes de frontières ; et celle de madame de Lambel s'étendait largement à cette excellente pépinière de chrétiens, d'ouvriers estimables et de bons citoyens. Ce secret a eu sa révélation touchante auprès de son cercueil. Parmi les très nombreuses couronnes qui y furent déposées on a pu en remarquer une, fort belle, qui portait ces mots : *A notre seconde mère ;* elle venait du cœur et des épargnes des apprentis de Saint-Jean (1).

Ce qu'elle fut pendant plus de vingt-cinq ans dans la visite des pauvres de Saint-Thomas

(1) En août 1882, une plaque commémorative de marbre blanc a été placée dans la chapelle de l'œuvre de Saint-Jean par les soins de la plus délicate et fidèle amitié, avec la chaleureuse approbation de l'œuvre tout entière. La plaque porte cette inscription :

✝

Ad perpetuam
Mariæ A. J. de Beaumont
Comitissæ de Lambel
memoriam,
quæ domûs hujus matrem
sese devotam præbuit,
palmasque ad pauperem
continuo extendens,
bonis ornata cumulataque
operibus
ad meliorem in Christo vitam
evolavit
Anno Domini
XIV Martii MDCCCLXXXII

(Au perpétuel souvenir de Marie A.-J. de Beaumont, comtesse de Lambel, qui fut la mère dévouée de cette maison et qui, tenant toujours ses mains étendues vers le pauvre, ornée et enrichie de bonnes œuvres, s'est envolée vers une vie meilleure dans le Christ, le 14 mars 1882.)

d'Aquin, des malades du Gros-Caillou et des hôpitaux de Paris, qui le sait complètement, si ce n'est eux-mêmes, et leurs anges, et Dieu ? Toute son âme y était, et tous les charmes de son esprit, et toutes les délicatesses exquises de son cœur, et toutes les générosités de sa bourse ; et, tout cela, c'étaient les formes diverses de son respect pour les membres souffrants du Sauveur.

C'était dans cette vue surnaturelle qu'elle puisait les industries et les attentions charmantes de sa charité, apportant aux malheureux, avec le secours matériel, la sympathie qui console, le sourire et l'encouragement qui relèvent, la causerie qui distrait, prêtant au récit de leurs misères une oreille toujours patiente, prolongeant les visites pour arriver jusqu'à l'âme, enfin appliquant, avec un esprit généreux de mortification et de sacrifice, la pensée délicate et profonde de madame Swetchine : « Aux pauvres il ne suffit « pas de donner le nécessaire ; il faut y ajouter « un peu de superflu. » Le superflu, c'étaient quelques fleurs, c'étaient des douceurs pour les enfants et les malades, c'était le pâté, le gâteau, le vin des jours de grandes fêtes, c'était sa *part* du meilleur plat de sa table, qu'elle faisait mettre de côté afin de la leur porter elle-même.

Si de tels dons étaient précieux par le sentiment qui les inspirait, ils l'étaient plus encore par la manière de les offrir. Beaucoup de personnes, d'ailleurs excellentes, mais qui ne savent la façon de s'y prendre ni pour donner aux pauvres, ni pour les visiter, auraient voulu se mettre à son école ou lui demander son secret. Je crois qu'elle eût répondu : le secret, c'est d'aimer, d'aimer souverainement Jésus-Christ qui se cache à l'œil des sens, mais se montre à l'œil de la foi, sous les haillons et la misère du pauvre ; et puis, le secret, c'est de prier ; enfin, quand on aime et qu'on a prié, le secret c'est de s'oublier et de travailler uniquement pour le bon Dieu. C'est à cette condition qu'on aime les pauvres pour tout de bon ; et il est très vrai, sous un air de paradoxe, qu'on ne réussit à les aimer pour eux-mêmes que quand on les aime pour Dieu.

C'était bien là son secret ; et c'est ce qui lui inspirait de ces attentions, de ces démarches, de ces mots qu'on n'oublie pas et qui font, à la lettre, la conquête des cœurs. Mais qu'il y aurait eu cependant de profit à la regarder faire ! et qu'il y en aurait maintenant à pouvoir mettre au jour les traits de cette charité aimante et doucement victorieuse !

On n'en a dérobé que bien peu à son humilité. Il en est deux cependant, que je transcris l'un et l'autre, tels qu'ils me sont racontés.

Voici le premier : « Une pauvre femme fort âgée ne pouvait plus marcher pour aller à l'église et redoutait de voir arriver chez elle le Dieu de l'Eucharistie. Elle va la chercher en voiture, entend la messe, communie avec elle, et lui laisse un bon petit déjeuner dont elle avait eu soin de se munir. »

Et voici le second : « Un pauvre père de famille souffrait de cors et de durillons aux pieds et pouvait à peine marcher; c'était un paysan mal tenu. Elle l'appelle, s'empare de ses pauvres pieds, les manie avec une extrême douceur, coupe et taille avec adresse et le congédie tout à fait soulagé. »

Un peintre qui aurait le génie chrétien ferait avec cette anecdote un tableau qu'on ne se lasserait pas de regarder. Mais *le dedans*, le principe intérieur qui inspirait ces petits actes sublimes, reste cent fois plus beau que ce qui paraît au dehors ; car un acte passe, et le principe demeure, comme une source d'où le beau fleuve limpide de la charité chrétienne épanche une eau perpétuelle. Ainsi faisait la charité de madame de Lambel, se portant de préférence vers les ministères qui causent à la délicatesse naturelle la plus vive répugnance, vers les soins les plus pénibles à donner aux infirmes ou aux malades, sans que jamais les plaies les plus hideuses ou les services les plus pénibles fissent reculer son courage. Et l'on disait d'elle : c'est une sœur de charité.

Ai-je besoin d'ajouter que, comme la sœur de charité, en servant le corps elle visait l'âme ?

Dans ses visites aux malades, toute l'ardeur de son zèle allait à rendre à Dieu, à force d'exhortations et de prières, ces âmes immortelles qu'il a faites pour lui, et que Satan, à la dernière heure, lui dispute avec acharnement. Nous lui avons entendu raconter, comme une de ses plus grandes joies en ce monde, l'histoire d'un jeune malade très hostile à la religion, qui se mourait dans l'impénitence et qui, après qu'on eut beaucoup prié Dieu, se laissa passer au cou la médaille miraculeuse, puis, le lendemain, demanda les sacrements, et s'endormit peu de temps après dans la paix du Seigneur. Il va sans dire qu'elle n'avait dans son récit que la place d'un témoin, et qu'elle eut dans la réalité le rôle d'un apôtre.

Comment s'étonner, après ces trop courts récits, de l'ascendant et de la popularité que madame de Lambel avait conquis chez les pauvres? On se souvient, au Gros-Caillou, de plusieurs vieillards presque mourants qui se ranimaient à son approche et se reprenaient à la vie dans ses doux entretiens. Du plus loin qu'on la voyait, ceux qui pouvaient encore marcher allaient à sa rencontre. On aspirait après le jour de sa visite comme après un rayon de soleil. Et le rayon brillait encore après son départ, moins à cause des allègements qu'elle avait apportés aux souffrances du corps qu'à cause des bons sentiments qu'elle avait éveillés, de la résignation dont elle avait montré la source et la récompense, de l'esprit de dévouement et de mutuelle assistance qu'elle avait ranimé. Un jour qu'elle avait parlé à un poitrinaire ce haut langage du sacrifice, celui-ci résolut de mettre en pratique la belle leçon qu'il venait de recevoir. Quelques instants après, un voisin compatissant lui apportait un plat succulent, destiné à lui rendre un peu de force. Mais le malade connaissait un plus abandonné que lui ; il lui donna le beefsteak et dîna joyeusement de pain sec.

L'assistance matérielle n'était pas le seul chemin qui lui ouvrît l'accès des âmes. Elle excellait à mettre en œuvre ces procédés délicats qui souvent touchent beaucoup plus les cœurs que la plus large aumône et qui, d'ailleurs, sont les seuls moyens pratiques, là où celle-ci serait inutile ou blessante.

Elle avait souvent entendu parler d'un vieillard qui avait servi dans le génie militaire sous les ordres du général de Lambel, et lui devait la position qu'il conserva jusqu'à ses derniers jours à la direction des fortifications de Metz. C'était un honnête homme, obligeant et bon, très attaché par la reconnaissance à la famille de son bienfaiteur, mais éloigné de Dieu. Madame de Lambel, préoccupée de son salut, alla le voir à Metz, comme pour se donner le plaisir de connaître ce vieil ami de son beau-père, et causa longuement avec lui. Profondément touché de l'honneur de sa démarche inattendue, il le fut plus encore de son affectueuse bonne grâce ; il la savait grande chrétienne, il se dit que la religion était bienfaisante puisqu'elle formait de tels cœurs. Et pendant que la semence germait silencieusement dans son âme, la charitable visiteuse priait et faisait prier pour lui ; puis elle le recommandait à un saint prêtre de Metz qui entra bien vite en relations avec lui. Les préjugés tombèrent, les obstacles s'évanouirent, et, quelques mois plus tard, le retardataire sortait de ce monde réconcilié avec Dieu.

Les domestiques formaient à ses yeux une seconde famille envers laquelle elle se sentait responsable. L'exercice de l'autorité dans le gouvernement de sa maison était pour elle un devoir beaucoup plus qu'un droit. De là une vigilance sans agitation, une douceur sans faiblesse, une fermeté sans raideur, et par-dessus tout un respect sincère pour les âmes de tous ceux qui la servaient.

Ici deux citations suffiront à notre esquisse. Voici la première :

« Active et prévoyante, elle surveillait ses serviteurs, réglait elle-même leurs occupations, apaisait leurs différends et les exhortait souvent à songer aux besoins de leur âme. Chaque jour elle les réunissait pour la prière en commun ;

tous avaient le loisir et la facilité d’aller le dimanche aux offices, de fréquenter les sacrements.
Inflexible pour le péché, ferme pour l’accomplissement du devoir, indulgente pour les fautes
dont elle avait seule à souffrir, elle traitait les
domestiques comme les membres de sa famille.
Elle les assistait dans leurs maladies, se levait
la nuit pour que rien ne leur manquât, allait
elle-même leur chercher un prêtre s’il en était
besoin et, chose plus rare et plus admirable, ne
craignait pas de réparer ses torts vrais ou imaginaires envers eux en leur témoignant ses regrets.
Aussi était-elle aimée, vénérée et obéie. On savait
ses ordres dictés par la justice, jamais par le
caprice ; et la soumission devenait facile à qui
pouvait toujours respecter le commandement. »
— Ainsi s’exprime, dans un des pieux récits
qu’elle faisait pour d’humbles auditoires, madame de Lambel elle-même. C’est de sainte Françoise Romaine et du palais de Ponziano qu’il y
est question. On voit bien qu’en écrivant cette
page, la châtelaine de Fléville se traçait un modèle. Elle seule a ignoré jusqu’au bout avec quelle
fidélité elle reproduisait dans sa vie les traits
retracés par sa plume.

Et voici la seconde citation. On a vu comment
madame de Lambel comprenait son devoir envers
ses serviteurs. On va voir ce qu’ils pensaient de
leur sainte maîtresse par le témoignage d’une de

ses femmes de chambre, que d'impérieux devoirs
de famille avaient obligée de quitter son service.

« J'aurais voulu vous remercier dès hier, jour
où j'ai reçu la chère notice. Cela m'a été impossible, tant j'ai été impressionnée en la lisant ! Ce
n'est qu'un abrégé de ses vertus. On dit toujours
qu'il n'y a personne sans défaut ; je n'ai jamais
réussi à en découvrir un seul chez madame la
comtesse. Quelle belle vie à imiter, à méditer !
Et cependant ces pages sont encore bien loin de
la réalité. Jamais, non, jamais je n'oublierai ses
bons conseils. Et aujourd'hui, je me recommande
à sa puissante intercession, car je crois ferme-
ment à sa récompense au ciel. »

VI

Que dire maintenant de Fléville, de cette chère
famille rurale dont elle fut vraiment la mère, et
à laquelle elle se consacrait pendant la plus
grande partie de l'année, sans négliger d'autres
œuvres qui s'étendaient à son canton, à Nancy,
à toute la Lorraine et bien au-delà (1) ? C'est dans

(1) On ne peut pas tout dire. Mais je me reprocherais de ne pas
mentionner du moins la cruelle année 1870, où les malheurs de
cette France qu'elle a tant aimée ouvrirent un nouveau champ
à son activité charitable. Les blessés qu'elle soigna dans les am-
bulances de Nancy ne l'ont point oubliée, et les témoignages de

ce milieu plus restreint, plus accessible aux influences immédiates et quotidiennes, qu'il faut
voir la merveilleuse efficacité de ce patronage
dont j'ai parlé plus haut. Que cette paroisse, si
voisine des excitations impies et révolutionnaires
du chef-lieu, soit restée ce qu'elle est, une oasis
chrétienne, comment l'expliquer autrement que
par la puissance irrésistiblement douce des bons
exemples et des bons conseils, des cœurs toujours
ouverts, des protections toujours prêtes, des sollicitudes toujours éveillées qui ne laissent aucun

leur gratitude ont ajouté une nouvelle couronne à son cercueil.

Je m'en voudrais aussi de passer sous silence une de ses fon-
dations les plus chères, celle de l'école de Sainte-Anne, à Ferrières. Pour dire toute la vérité, M. le curé de Ferrières m'a
affectueusement reproché de n'en avoir point parlé dans la première notice que les journaux ont publiée, et que celle-ci reproduit en l'agrandissant à l'aide de documents nouveaux. Rien
n'est plus touchant que cette plainte du bon Pasteur qui ne veut
pas que la publicité manque à sa reconnaissance et à celle de
tout son troupeau. Il y a peu d'années, Ferrières (canton de Saint-
Nicolas-du-Port) n'avait qu'une école pour les garçons et les
filles. L'école de Sainte-Anne, destinée aux filles et nommée
d'après une des saintes patronnes de madame de Lambel, fut
fondée pour porter remède à cette situation fâcheuse Cette école
libre, très bien dirigée par les Sœurs de la Doctrine, a produit
déjà dans la paroisse des fruits abondants de bénédiction. Quand
la fondatrice venait visiter ses chères enfants de Sainte-Anne,
c'était (j'en garde le souvenir très présent) une fête non seulement pour la classe, mais pour toutes les familles. Jamais arcs
de triomphe ne furent plus spontanément élevés. Jamais aussi
bienfaitrice ne fut regrettée avec plus de larmes et de prières. —
Plusieurs autres écoles de filles, parmi lesquelles celles de Lupcourt et de Burthecourt-aux-Chênes, lui doivent les premières
assistances qui ont déterminé leur fondation.

besoin sans assistance et aucune douleur sans consolation, des industries ingénieuses pour prévenir l'association du mal par l'association du bien, enfin, du concours respectueux et dévoué que messieurs les curés trouvèrent toujours auprès des châtelains pour seconder leur auguste ministère ?

Tout cela, c'est Fléville, et c'était, pour la seule moitié dont je puisse parler, le rôle de madame de Lambel (1). Pas une famille qu'elle ne connût et n'aimât de cette affection qui conquiert tôt ou tard la réciprocité ; pas une naissance à l'occasion de laquelle elle ne préparât une layette pour l'enfant et un cadeau pour la mère ; pas un mariage où elle ne fût représentée par quelque aimable et pieux souvenir ; pas un malade qu'elle ne visitât assidûment, souvent avec de grandes fatigues, parfois avec un grand péril de contagion ; pas un deuil qu'elle ne consolât, pas un mourant qu'elle n'exhortât et n'aidât à paraître devant Dieu. Quand la sœur de l'école s'absentait, elle était son humble et charmante suppléante pour faire le catéchisme aux enfants et

____

(1) Fléville était bien tout cela, et il était, de plus, le lieu par excellence de l'hospitalité chrétienne pour les pauvres, même de passage, pour les religieux, pour les novices, pour les Frères des Écoles chrétiennes, pour les élèves des écoles primaires des communes voisines, pour les orphelins de Saint-Stanislas, etc. Auprès de ces hôtes divers, madame de Lambel était, et c'est tout dire, ce que nous l'avons vue auprès des Petites Sœurs des pauvres.

les ravir par ses touchantes histoires (1). Chaque fois qu'elle recevait la sainte communion à l'église paroissiale, elle avait soin de porter le ruban de la confrérie de Sainte-Anne dont elle faisait partie avec les femmes du village et qu'elle présidait, montrant ainsi que, s'il y a ailleurs le château et la chaumière, le château qui a sur la chaumière le droit de lui faire du bien, à l'église il n'y a que des âmes également précieuses devant Dieu (2). Ces détails ne sont rien, et ils sont tout ; dans le patronage chrétien comme dans les relations de l'amitié, il n'y a pas de petites attentions.

Madame de Lambel, qui connaissait bien le prix du temps, savait aussi que, pour ne pas gaspiller ce trésor, il faut absolument en régler l'emploi. Et puisque l'un des buts de cette notice est de donner aux femmes chrétiennes vivant dans le monde les utiles et pratiques indications qui naissent du bon exemple, il ne leur sera pas sans intérêt et sans profit de connaître le programme de ses journées à Fléville, programme fidèlement

______

(1) Madame de Lambel contait à merveille ; l'un de ses auditoires favoris, c'étaient les vieillards et les vieilles des Petites Sœurs des pauvres. Elle leur faisait des récits à Fléville ; elle allait leur en faire à Nancy.

(2) Ajoutons encore que toutes les fois qu'une associée de la confrérie de Sainte-Anne venait à mourir pendant le séjour à Fléville de madame de Lambel, celle-ci ne manquait pas de faire la veillée des morts auprès de sa dépouille.

16.

suivi pendant plus de trente ans et dont les journées de Paris ou de Touraine ne différaient que par d'inévitables variantes.

Il avait pour article premier le lever matinal, calculé de manière que l'invariable assistance à la messe paroissiale de sept heures fût précédée des premiers exercices de piété par lesquels l'âme chrétienne se renouvelle dans le sentiment de la présence de Dieu, dans la résolution de consacrer à son amour et à son service la nouvelle journée qui est un nouveau don de sa bonté, dans le filial abandon à la conduite maternelle de sa providence (1). Elle se ménageait ainsi ces matinées pleines dont les heures ne se retrouveraient pas, et cette sanctification du travail qui prolonge son bienfait jusqu'aux derniers instants du jour.

Après la messe, où elle recevait la sainte communion plusieurs fois par semaine, un frugal repas rompait à peine le jeûne. Puis venaient la surveillance générale de la maison et la distribution de la tâche aux serviteurs ; nous avons dit

---

(1) Elle avait une dévotion particulière à cette admirable oraison de Madame Élisabeth de France : « Que m'arrivera-t-il aujourd'hui, ô mon Dieu ? Je n'en sais rien ; tout ce que je sais, c'est qu'il ne m'arrivera rien que vous n'ayez prévu, réglé et ordonné de toute éternité. Cela me suffit, ô mon Dieu, cela me suffit. J'adore vos desseins impénétrables, je veux tout, j'accepte tout, je fais un sacrifice de tout, et j'unis ce sacrifice à celui de Jésus-Christ, mon Sauveur. »

déjà de quelle manière elle comprenait les relations et les devoirs qui naissent de la domesti-
cité chrétienne. Ensuite la matinée était consacrée
tout entière au travail intellectuel, à la correspondance, pendant de longues années aux leçons
données ou surveillées, parfois à des audiences
aux passants ou à d'autres personnes que la
charité ne permettait pas d'ajourner.

Après le déjeuner, les œuvres, les courses dans
le village, la visite des pauvres et des malades,
la direction et le patronage des petites filles
(qu'elle allait voir soit à l'école (1), soit dans
leurs familles, et à qui, de bonne heure, elle
confiait des ouvrages de lingerie, afin de les encourager au travail manuel et de les préparer à
devenir d'habiles ménagères), les bonnes lectures,
le chapelet, le petit office de la sainte Vierge, la
visite au saint Sacrement, le travail à l'aiguille
qu'elle affectionnait singulièrement, parce que la
destination en était presque toujours ou charitable ou pieuse. Toutes ces occupations avaient
leur place régulière dans la journée et semblaient

---

(1) Elle avait fait reconstruire la maison d'école et en avait
fait une des plus belles de la contrée. Outre les locaux réglemen-
taires, le bâtiment contient une grande salle pour un ouvroir et
une autre pour recueillir plusieurs orphelines. Adossées à la maison et pourvues d'une entrée indépendante, sont deux chambres
destinées à des vieillards sans ressources. Plusieurs y ont trouvé
un asile embelli par les bienfaits de la fondatrice et confié à la
charitable sollicitude de la sœur d'école.

devoir la remplir. Et cependant, par une sorte
de miracle de la multiplication des heures, ni les
relations de société, ni les fréquentes visites du
voisinage, ni surtout les devoirs de l'hospitalité
toujours remplis avec la cordialité la plus affectueuse et la plus attentive sollicitude, n'avaient
à en souffrir. Rien n'était hâté ni écourté : la
pieuse et gracieuse châtelaine était tour à tour
toute à chaque chose et toute à chaque personne.
Cette vie qui trouvait le temps de tout était une
énigme indéchiffrable, mais bien plutôt une leçon infiniment profitable, pour tant de vies mon-
daines qui ne trouvent le temps de rien. — A
neuf heures, la prière du soir suivie d'une courte
lecture réunissait dans la chapelle du château,
aux pieds du T. S. Sacrement, les maîtres, les
serviteurs, et les hôtes s'ils le voulaient. Ils le
voulaient toujours ; plusieurs d'entre eux en ont·
rapporté la pensée que ce qui se faisait à Fléville
ne devait pas être impossible ailleurs, et la réso-
tion de rétablir à leur foyer cette pieuse et fraternelle habitude de la vie chrétienne.

Quand il y avait des courses à faire en dehors
de Fléville (1), elle choisissait un jour de la se-

<hr>

(1) Qu'on nous permette un touchant détail à propos de ces
courses. A l'aller comme au retour, si Madame de Lambel rencontrait un piéton sur sa route, il fallait que la voiture s'arrêtât
et qu'on le fît monter près du cocher. Si c'était un mendiant
inconnu, il fallait aussi s'arrêter ; car *jamais* elle ne refusait une
aumône. Voyant toujours dans le pauvre une image défigurée

maine afin que toute la journée du dimanche fût consacrée aux exercices religieux de la paroisse et que le devoir de l'édification par l'exemple fût accompli dans toute son étendue, afin aussi que rien ne fût enlevé au repos chrétien des serviteurs.

Ses heures du dimanche n'étaient point vides entre les offices; car les bonnes œuvres abondaient pour les remplir. Tantôt elle recevait dans le parc la congrégation des jeunes filles et lui donnait le triple régal des beaux ombrages, des jeux et du goûter. Tantôt elle se rendait à leur salle de réunion où son entrée promettait l'une de ses belles histoires et le tirage d'une loterie. Parfois l'un des quatre patronages de jeunes ouvrières qu'elle soutenait à Nancy venait entendre les vêpres à Fléville, puis se rendait dans le parc pour prendre de joyeux ébats, dont le plaisir était doublé par sa présence, son doux sourire et ses bonnes paroles.

D'autres fois elle apportait son concours à l'association de Saint-Nicolas qui, fondée d'abord pour les jeunes gens, compte maintenant parmi ses membres presque tous les hommes de la paroisse. Elle leur donna à plusieurs reprises des séances d'expériences de physique, après avoir

peut-être, mais une image du Sauveur, elle s'efforçait, par sa bonté, de la rapprocher du divin modèle.

pris, *ad hoc*, des leçons d'un savant professeur
de la Faculté de Nancy (1).

Enfin elle choisissait, après chaque première
communion, un dimanche libre pour recevoir et
fêter les garçons et les filles. Elle se faisait leur
cicerone pour la visite à la salle des ducs et,
après la promenade et le goûter, leur remettait à
tous et à toutes, avec des mots qu'on n'oubliait
pas, un beau paroissien du diocèse de Nancy.

Fléville avait ses fêtes de famille : l'une le
14 août, l'autre le lundi de la Pentecôte.

Le 14 août, veille de la fête de la châtelaine,
après la classe du soir, toutes les jeunes filles de
l'école et même plusieurs de celles que leur âge
appelait aux travaux des champs, se rendaient
processionnellement et dans leurs plus beaux
habits, sous la conduite de la bonne sœur, au
château dont les portes s'ouvraient à deux battants. Elles venaient porter les vœux de leurs
parents et les leurs à « Madame la comtesse »
qui les recevait dans son salon. Elles s'y ran-
geaient en cercle, et l'une d'elles, choisie parmi
les meilleures écolières, lisait un petit discours
dont les formules n'avaient rien de banal, parce
que pas un sentiment n'y était exprimé qui ne

____

(1) Pendant le cruel hiver de l'invasion, voulant offrir une di-
version à des douleurs qu'elle ressentait plus que personne, elle
ménagea aux associés de Saint-Nicolas un cours d'arboriculture
et de taille des arbres fruitiers.

fût dans tous les cœurs. Puis, chaque enfant apportait son cadeau, dîme volontaire où chaque famille avait mis ce qu'elle avait de plus beau dans son jardin ou dans sa laiterie, dans sa cuisine ou sa basse-cour. C'étaient peut-être parfois de vrais petits sacrifices ; mais Madame de Lambel n'avait garde d'en refuser aucun, sachant qu'on oblige ceux à qui on a fait du bien en leur permettant d'essayer quelque chose pour s'acquitter, et estimant que le sentiment et la vertu de reconnaissance sont, parmi les bons fruits de l'âme humaine, un de ceux dont on doit le plus encourager la culture. Si nous remontons aux jours de notre enfance, nous n'en trouverons guère de plus doux que ceux où il nous était permis de faire une brèche à nos petites bourses pour fêter nos pères et nos mères ; le 14 août, à Fléville, laissait des souvenirs tout pareils. On devine comment cette mère de toute une paroisse accueillait les vœux de sa famille, quels mots et quelles caresses du cœur elle avait pour chacune des enfants, comment elle savait leur rendre leur visite à l'école et chez leurs parents, comment, sans rien retirer au mérite de ce qu'on avait fait pour elle, elle s'arrangeait de façon à ne pas se laisser vaincre en générosité.

La fête du lundi de la Pentecôte avait un autre caractère ; et c'était encore une des occasions où disparaissaient les frontières marquées par la division du travail. C'était en effet la réunion du Comice agricole cantonal, tenue annuellement au château et au parc de Fléville. Il s'y faisait des rapports sur les progrès de la science agronomique, et des allocutions sur les vertus et les devoirs de la vie rurale chrétienne ; il s'y distribuait des diplômes, des médailles, des primes et des récompenses aux directeurs les plus méritants des petites exploitations, aux instituteurs qui avaient fait en hiver des cours d'agriculture, d'horticulture ou d'hygiène, à leurs meilleurs élèves, aux ouvriers et aux vieillards des campagnes que recommandaient de longs et fidèles services. Madame de Lambel n'avait point en tout cela le rôle officiel ; mais sa présence ajoutait à la réunion un charme auquel les lauréats et leurs parents ou voisins venus avec eux étaient infiniment sensibles. Elle avait une parole gracieuse, un conseil ou une promesse pour chacun ; elle présidait à toute l'hospitalité du château, et je ne sais qui était plus heureux, elle de servir ses modestes hôtes ou eux d'être servis par elle. Qui dira ce que de tels rapprochements où les cœurs ne sont vraiment qu'un seul cœur laissent de salutaires impressions, effacent de préjugés, font tomber de barrières ? et qui peut calculer ce que serait la puissance sociale d'un tel remède à nos plaies, s'il était appliqué partout où il peut l'être et dans l'esprit qui régnait à Fléville ?

VII

Le zèle chrétien de madame de Lambel ne se cantonnait point dans Fléville et dans Paris. On nous permettra, à l'intention surtout de ceux de nos lecteurs et de celles de nos lectrices qui cherchent une voie à leur bonne volonté chrétienne ou sociale, d'indiquer deux œuvres très fécondes, l'une lorraine, l'autre française, auxquelles elle prit une part singulièrement active, d'autant plus méritoire qu'elle demeura plus cachée.

L'Œuvre des bibliothèques cantonales, née à Fléville en 1847, deux ans après son mariage, a pour objet la diffusion et le renouvellement des bons livres dans les communes rurales du diocèse de Nancy. Elle y réussit au moyen d'un système d'échanges qui fait passer successivement par chaque paroisse tous les ouvrages affectés à chaque circonscription d'un canton, puis par chaque circonscription tous ceux dont se compose la bibliothèque cantonale. Ce fut madame de Lambel qui organisa l'œuvre dans les deux premiers cantons (Saint-Nicolas et Nancy ouest). Elle en conserva toute sa vie la direction ; et chaque année 1.500 volumes environ (le dixième du catalogue de 15.000 volumes) durent passer par ses mains diligentes. Ce n'était pas une petite besogne ; car une année de campagne faisait à la plupart d'entre eux des blessures qu'il s'agissait de guérir ; le recollement des ouvrages, leur répartition en séries, la tenue à jour des tableaux indiquant les répartitions successives réclamaient beaucoup de temps et d'attention ; enfin le choix des nouveaux ouvrages destinés à remplacer ceux qui avaient décidément gagné leurs invalides exigeait de scrupuleuses lectures. Durant plus de trente ans, madame de Lambel suffit à cette triple tâche, si ingrate en apparence dans quelques-unes de ses parties. Pendant de longues heures des plus beaux mois de l'année (1), elle passait la revue des volumes, leur faisant subir à tous un consciencieux examen, et exécutant de sa main les travaux nécessaires de nettoyage, de réparation et de couverture. Il y en a qui, grâce à cette révision annuelle, comptent déjà plus de trente ans de bons et loyaux services, et qui, ayant passé par les mains, parfois négligentes ou brusques, de plusieurs centaines de lecteurs, continuent encore, en vaillants vétérans, leur bienfaisante mission. Puis venaient la formation, l'emballage et l'envoi des séries nouvelles ; madame de Lambel expédiait directement chacune d'elles à son centre, et pendant près de trois semaines ses che-

____

(1) C'est en juillet-août que les séries rentrent au centre d'organisation pour être échangées.

vaux étaient presque exclusivement réquisition-
nés pour ce transport. Rien de plus humble et de
plus matériel, ce semble, que de tels services,
madame de Lambel y voyait un honneur; ceux
qui savent le prix d'une âme et l'efficacité d'un
bon livre pour en sauver plus d'une n'ont pas
besoin qu'on leur prouve qu'elle avait raison.

L'Œuvre des campagnes, fondée il y a vingt-cinq
ans et qui a déjà pénétré par ses bienfaits dans
presque tous les diocèses de France, a pour objet
de donner aux paroisses rurales les ressources et
les assistances religieuses dont elles sont si
déshéritées en comparaison de ce qu'on trouve
dans les villes : bonnes lectures, secours aux
écoles, patronages, surtout ces retraites et missions qui suffisent seules à renouveler une paroisse, qui, du moins, produisent toujours des
fruits individuels de conversions, d'inimitiés
réconciliées, de scandales réparés. Il n'y a pas
d'œuvre plus féconde, pas d'œuvre qui aille plus
directement aux âmes, ajoutons pas d'œuvre plus
nécessaire dans un temps où l'impiété, ayant,
comme elle croit, achevé son œuvre dans les
villes, s'attaque aux campagnes avec une audace
chaque jour grandissante. A Paris, pendant
l'hiver, madame de Lambel donnait l'hospitalité
à son Conseil général et apportait aux séances le
secours de ses lumières. En Lorraine, elle consacrait une partie de ses ressources à fonder à

perpétuité, dans bien des paroisses de Meurthe-et-Moselle et de la Meuse, des missions périodiques, assez espacées pour que la routine n'y pût trouver sa place et pour que chaque mission fût dans la paroisse un événement et une secousse, assez rapprochées pour que chacune trouvât encore vivants les bons germes développés par la première et n'eût point tout à recommencer.

VIII

Nous avons dit que madame de Lambel contait à merveille. On devine qu'elle ne contait pas pour conter, et que, sans condamner les histoires qui ne sont que des histoires et ne servent qu'à charmer l'imagination, elle leur préférait de beaucoup celles qui laissent derrière elles la lumière d'une bonne pensée et la flamme d'un sentiment généreux. La plupart de ses récits ne vivent plus sans doute que dans la mémoire de ceux qui les ont entendus. Mais elle en avait écrit quelques-uns, plus longs que les autres, et qu'elle jugeait devoir être plus fructueux et plus agréables après une préparation plus complète. Nous en avons plusieurs sous les yeux, notamment la *Vie de sainte Françoise Romaine*, la *Rue du Puits qui parle*, le *Vieux Savetier*.

La *Vie de sainte Françoise Romaine* est du plus haut intérêt. Semée d'événements dramatiques qui donnent une idée très juste des épreuves que l'Église et le Saint-Siège eurent à subir dans Rome même au commencement du quinzième siècle, abondante en faits de l'ordre surnaturel que la sotte incrédulité de notre temps prétend interdire à la toute-puissance divine, mais dont il faut bien admettre du moins la possibilité en présence des éclatants miracles accomplis de nos jours en tant de sanctuaires, elle est surtout, comme celle de sainte Élisabeth de Hongrie, un héroïque exemple offert aux femmes que leur situation appelle à vivre dans le monde, à conduire une grande maison, à pratiquer les devoirs et à accepter les sacrifices, les douleurs, les deuils peut-être de la maternité, à rencontrer des contradictions dans la vie même de la famille, à pacifier les discordes, à contribuer, si elles accomplissent fidèlement leur mission, au salut de beaucoup d'âmes. Le ton du récit est très simple ; la leçon de chaque grand exemple est dégagée en quelques mots qui ne visent point à la profondeur et cependant ne restent point à la surface ; la forme, par sa sobriété et sa sérénité, rappelle l'admirable et charmante « légende de saint François », de saint Bonaventure.

La *Rue du Puits qui parle* a dû avoir auprès

des auditoires de tous les âges, auprès des vieillards des Petites Sœurs des pauvres, auprès des
enfants des écoles, auprès des jeunes filles des
patronages, le plus vif succès de curiosité, d'émotion et d'utilité morale. Le récit explique pourquoi il y a dans le vieux Paris une rue qui porte
ce nom étrange. C'est une histoire remarquable
par sa couleur et son relief, tragique et cependant
consolante, dont la scène se passe en plein moyen
âge, dans un village voisin du Paris d'alors.
Elle a pour héroïne une paysanne qui a réussi
par sa beauté et ses manèges à devenir grande
dame. Bientôt dédaignée, puis haïe et persécutée
par son mari qui lui enlève son fils presque aus-
sitôt après sa naissance, elle n'échappe à des
projets meurtriers qu'en se réfugiant au fond d'un
puits desséché où elle devient une de ces recluses
dont Paris comptait alors quelques-unes. Là,
elle est sanctifiée par le malheur et la pénitence ;
la voix de ses chants pieux est entendue par les
gens du village ; sa réputation de sainteté se
répand, et l'on vient de toutes parts se recommander aux prières de la recluse dont le nom est
pour tout le monde un mystère. Un jour, un
jeune homme appartenant à une bande d'aventuriers pillards, poursuivi par les remords encore
plus que par les hommes d'armes du roi, vient à
la bouche *du Puits qui parle* ; et la recluse,
après avoir entendu ses effroyables confidences,

finit par le reconnaître, à un signe dont elle l'avait marqué au jour de sa naissance, pour le fils tant pleuré. Elle sort alors de sa retraite, se fait reconnaître elle-même et le ramène en maître avec elle au château paternel où son mari se mourait dans l'impénitence. Ses exhortations et le prodige de son apparition soudaine terrassent le vieux pécheur qui meurt repentant. Mais le fils retrouvé s'enfonce de plus en plus dans la voie du mal ; et la sainte pénitente redescend dans sa prison volontaire pour y disputer cette âme au démon. Enfin quinze ans après, sentant sa fin prochaine, elle demande le Saint-Viatique, et le prêtre qui le lui apporte est ce fils même dont ses larmes et ses prières ont, à son insu, achevé la conquête.

Mais des bonnes œuvres que madame de Lambel a faites par la plume venant au secours de la parole, — de celles du moins que nous connaissons, — la meilleure peut-être est *le Vieux Savetier*. Elle y a mis sa profonde et pénétrante expérience de l'âme populaire et des chemins qui conduisent jusqu'à elle ; parmi les scènes dont le récit se compose il n'y en a pas une qui ne soit vraie dans le sens le plus élevé du mot ; parmi ses personnages pas un qui n'ait été *vu* et qu'on ne reconnaisse. Ce récit est trop étendu pour que nous puissions en donner ici une analyse où disparaîtrait d'ailleurs presque tout ce qui en fait

le mérite, la finesse de l'observation, la beauté
touchante des leçons chrétiennes, l'art charitable
de la pieuse narratrice à *doser* ces leçons et à
les faire ressortir du récit lui-même. Dans cette
monographie d'un vieux savetier que l'éloigne-
ment de Dieu a fait misanthrope et sauvage, et
que de discrètes et douces influences réconcilie-
ront peu à peu avec les hommes, avec lui-même,
avec la vie, avec l'Auteur de la vie et des hommes,
apparaît une grande dame qui est, par un côté,
lieutenant de la Providence dans cette œuvre de
pacification ; mais le rôle principal y appartient
à d'excellents voisins dont la condition sociale
est à peu près celle du vieux mécontent. Lui-
même n'est point représenté comme un méchant
ni un malhonnête homme. On voit que l'auteur
du récit, bien qu'il ait vu de près les misères
morales qui accompagnent si souvent la pauvreté
sans Dieu, a recueilli avec une pieuse sollicitude les admirables exemples de dévouement, de
résignation, de vertus de toute sorte qui, plus
souvent qu'on ne pense, illuminent les chau-
mières et les greniers. Et l'on voit aussi qu'il ne
donne pas dans cette erreur, — qui serait une
hérésie si l'on en faisait une thèse, — de refuser
toute vertu et tout bon sentiment naturel aux
âmes qui ont le malheur de ne pas connaître et
de ne pas aimer Dieu. C'est par le côté de ces
vertus, — de ces sentiments du moins qui sou-

vent persistent quand la vertu n'y est plus, —
que madame de Lambel aimait à prendre les
pauvres qu'elle cherchait à convertir. Et la justice que leur rend la peinture du vieux savetier
n'a pas peu contribué sans doute au succès et
aux fruits spirituels de cette aimable histoire. Il
n'y a pas une famille ouvrière qui ne profitât
beaucoup à l'entendre.

Puisque nous avons parlé des récits, les lecteurs de cette notice souhaiteront sans doute que
nous parlions aussi des lettres. Trop fidèle amie
pour négliger ce moyen d'empêcher « l'herbe de
croître sur le chemin de l'amitié, » trop attentive à tourner les relations de la vie sociale à la
gloire de Dieu et au bien des âmes pour perdre
de vue dans sa correspondance ce but final de
toutes ses actions, madame de Lambel a dû y
laisser une image d'elle-même. Elle l'y a laissée
en effet ; et ses correspondantes n'ont pas attendu
le terme de sa vie mortelle pour apprécier à leur
valeur ses communications écrites. Une d'elles,
qui compte parmi les meilleurs juges, s'exprimait
récemment ainsi : « Je garde toutes ses lettres
comme un trésor ; je n'ai jamais déchiré un mot
d'elle ; j'en ai un précieux dossier, rangé par
dates, qui prouve l'importance que j'attache à
cette précieuse correspondance. »
Nous aurons cependant le regret de nous

borner à cette mention et à ce témoignage. Le caractère intime et personnel de la plupart de ces lettres a semblé un obstacle à toute publication, même fragmentaire. Et ce côté d'un portrait que nous sentons toujours trop incomplet malgré les additions, et trop imparfait malgré les retouches, est condamné à rester dans l'obscurité où madame de Lambel a caché le plus qu'elle a pu de sa vie.

IX

Arrêtons-nous un moment encore pour regarder en elle-même et au foyer de ses vertus cette âme que nous avons essayé de suivre dans le détail de sa vie et de ses œuvres.

Les actes valent ce que vaut leur principe et ce que vaut leur but. Les plus grands ne sont rien quand la recherche de soi est à leur racine ; les plus modestes ont un prix inestimable quand ils sont la marque d'un cœur qui se donne. Celui de madame de Lambel se donnait tout entier.

Il se donnait à Dieu d'abord et souverainement. Si imparfaite qu'ait été notre esquisse de cette sainte figure, on y a reconnu pour premier trait, pour foyer de tous ses dévouements, pour principe de toute sa vie, l'amour de Dieu et de son Église, la piété la plus fervente dans l'humilité la plus profonde. Cette âme n'était si belle et si près de la perfection que parce qu'elle marchait toujours en la présence de Dieu. C'est la parole de Dieu lui-même dans les Saints Livres : *Ambula coram me, et esto perfectus.* Mais cette présence lui était moins celle d'un juge que d'un père ; et sa crainte de Dieu était la délicatesse d'un amour qui ne redoute rien tant que de contrister ce qu'il aime. « Elle faisait avec sérénité la volonté de Dieu. » Sa piété, aimable à tous, utile à tous, contagieuse, si je puis dire, par le charme de l'exemple, était associée aux actes et aux habitudes les plus simples de la vie. Quand sa femme de chambre, depuis longtemps à son service, entrait le matin chez elle ou en sortait le soir, au lieu de la salutation ordinaire c'était un rapide échange de pieuses paroles telles que celles-ci : *Loués soient Jésus et Marie.* — *Aujourd'hui et toujours.* Pendant le temps rigoureusement nécessaire aux soins de la chevelure, la bonne maîtresse lisait tout haut, pour sa servante, la vie du saint du jour ou quelque livre de piété. Et quand ses forces défaillantes ne lui permirent plus cet effort, le chapelet remplaça la lecture.

Tout entière à Dieu, cette âme était tout entière aussi aux affections que Dieu bénit : à celui dont la vie ne faisait qu'un avec la sienne ; puis à ses deux familles ; puis aux chères âmes des pauvres et des petits ; puis enfin, dans un rang qui était encore un honneur, aux amis. Nul, en effet, ne comprenait mieux la beauté de l'amitié chrétienne et n'en remplissait plus délicatement les moindres devoirs. Une seule personne était oubliée : *elle-même;* et ce détachement est un trait que je me reprocherais, même dans ces notes rapides, de ne point saisir au passage.

Ce trait ne fut jamais mieux marqué que dans la dernière et longue maladie au bout de laquelle la volonté de Dieu avait placé l'épreuve suprême. Un peu de retour sur soi, bien excusable, se rencontre souvent chez les malades, même chez d'excellents chrétiens qui avaient coutume de s'oublier en santé. Ici, ce fut le contraire ; pendant les mois et les années où le mal fit des progrès, parfois enrayés en apparence, on eut un admirable spectacle de conformité toujours plus parfaite et plus douce à la volonté de Dieu, d'oubli croissant de soi, de touchante reconnaissance pour les soins qu'on prenait d'elle, de sollicitude toujours plus attentive et plus généreuse pour les préoccupations, les peines ou les besoins d'autrui. Il y eut, dans des familles amies, des inquiétudes auxquelles elle voulut s'associer avec une fidélité quotidienne, des joies aussi qu'elle voulut partager, en disant avec une voix altérée déjà par la mort prochaine, mais soutenue encore par l'émotion et la bonté, de ces choses que l'on n'oublie pas et dont le souvenir reste comme un testament de bénédiction.

Cet oubli de soi au profit d'autrui, — de cet autrui que la langue chrétienne appelle si bien le *prochain*, — fut un des secrets du charme particulier que la comtesse de Lambel apportait dans les relations du monde. Il écartait de ses lèvres, de son attitude, de son cœur, non seulement tout ce qui, dans la conversation, peut blesser la charité, mais tout ce qui sent l'affectation ou met le *moi* en scène. En même temps qu'il étendait sa bienveillance à tous, il ôtait à celle-ci tout caractère de banalité, tant on la sentait reposer sur un fondement solide et vrai. En dégageant son âme de toute recherche personnelle, il la mettait à l'aise pour répandre librement ses trésors.

Librement, mais non pas au hasard et sans but. Car pas plus dans son salon que dans la mansarde ou à l'hôpital, elle ne perdait de vue la grande pensée de sa vie : faire du bien aux âmes en les amenant à aimer Dieu. Elle y était cependant aussi éloignée qu'on peut l'être de ce qu'on appelle *prêcher ;* un mot, un mouvement de gouvernail discrètement imprimé à la conversation, un jugement à la fois modeste et ferme, une réponse, une question, une anecdote contée à propos, cela lui suffisait, joint à ce qu'on savait et ce qu'on devinait d'elle, pour faire rayonner autour d'elle l'esprit qui l'animait elle-même.

Ainsi passait-elle en faisant du bien à tous les

degrés de la hiérarchie sociale, assistant les pauvres d'en haut, — je veux dire tant de riches et d'heureux du monde auxquels manquent la force et la véritable espérance (1), — avec autant de dévouement et de sollicitude que les pauvres d'en bas; inspirant partout un respect et une sympathie qui, finalement, tournaient à la gloire de Dieu et au salut des âmes.

X

Hélas! l'heure vint de la dernière séparation d'ici-bas. Le 14 mars 1882, Dieu rappelait à lui sa fidèle servante.

Lui seul a pu compter les prières sans nombre qui, jusqu'à ce dernier jour, s'étaient élevées vers Lui de toutes parts pour que la pieuse malade, rendue à la santé, continuât longtemps encore sur la terre sa mission de charité, de zèle et de bon exemple. Mais on en put deviner quelque chose au jour de ses funérailles. L'église de Saint-Thomas-d'Aquin entièrement remplie

(1) A ce genre d'apostolat se rattache une des œuvres de prédilection de madame de Lambel, le prêt des livres aux gens du monde. Elle se procurait les ouvrages nouveaux auxquels elle avait pu reconnaître, en excellent juge qu'elle était, une valeur et une utilité véritables, pour les faire arriver à beaucoup de lecteurs et de lectrices qui n'eussent pas songé à les emprunter aux bibliothèques chrétiennes.

comme aux grandes fêtes, la présence de représentants de l'archevêché, de plusieurs de MM. les
curés de Paris, de Mgr l'archevêque de Sébaste qui
vint spontanément donner l'absoute, la foule des
pauvres accourue d'elle-même, le catafalque dis-
paraissant presque sous des couronnes dont plusieurs étaient des témoignages discrets de reconnaissance anonyme, plus que tout cela le
douloureux et pieux recueillement de cette
immense assistance où tous les cœurs pleuraient
et priaient, c'étaient bien là, dans leur pleine sincérité, la voix et l'hommage du peuple chrétien
tout entier.

Et lorsque, six semaines plus tard, la dépouille
de la pieuse comtesse fut transportée dans cette
Lorraine que le parfum de ses vertus avait em-
baumée, dans cette église de Fléville où elle
avait tant prié et où tout parlait d'elle, au milieu
de cette population qui l'avait aimée comme une
mère et vénérée comme une sainte, cette voix
et cet hommage du peuple chrétien prirent un nouveau caractère, le caractère touchant et rare d'un
deuil tout à la fois universel et domestique.

Le 3 mai, la population de Fléville, en habits de
deuil, attendait l'arrivée de la précieuse dépouille
dans l'avenue du château, avec des larmes, des
sanglots, des prières et des couronnes (1). — Détail

(1) Les deux plus belles, pour lesquelles rien n'avait été épargné, étaient offertes par les femmes et les filles de la paroisse,

infiniment touchant, les petits enfants depuis l'âge de six ans avaient appris par cœur le *De profundis* en français, et le récitaient tous les jours pour celle qu'on leur disait si bonne et que tout le monde autour d'eux nommait avec tant de respect.

Mgr Foulon, depuis peu archevêque de Besançon, avait tenu à présider lui-même aux dernières cérémonies, qui eurent lieu le lendemain. Il se proposait d'y prendre la parole ; mieux que personne il eût pu dire quelle perte immense venaient de faire les pauvres, et tout le diocèse, et toutes les œuvres de piété, de zèle et d'exemple. Atteint d'une sérieuse bronchite et condamné à un silence dont il manifesta un vif regret, il voulut cependant exécuter la première moitié de son pieux dessein.

Les prêtres du clergé séculier et régulier, les religieuses des diverses congrégations du diocèse étaient là, représentés par plus de cent de leurs membres. Des prêtres auxquels les devoirs de leur ministère ne permettaient pas d'être présents vinrent les jours suivants, d'eux-mêmes et sans aucun appel, célébrer le saint sacrifice à Fléville.

Avec une générosité toute spontanée, elles s'étaient cotisées pour acheter à Nancy ce qu'elles pourraient trouver de plus beau. L'une avait pour inscription : *Reconnaissance des mères de famille;* l'autre : *Amour filial.* Beaucoup d'autres couronnes, faites à Fléville, furent apportées par des habitants isolés, qui les déposèrent sans se faire connaître. Dieu sait leurs noms.

Beaucoup d'habitants du canton et de diverses communes, dans un rayon de dix lieues, étaient venus spontanément, apportant l'hommage, les regrets et les prières de toute la contrée.

L'élite de la société nancéienne, les délégués des cercles catholiques d'ouvriers de Nancy et de Lunéville avec leurs bannières, les Petites Sœurs des pauvres, conduisant leurs vieillards, étaient là. On remarqua avec émotion l'attitude recueillie et désolée de cette grande famille que madame de Lambel avait faite sienne, et qui avait coutume de se rendre à Fléville pour d'autres fêtes.

Tous ces représentants de la Lorraine catholique, en même temps qu'ils venaient honorer une sainte dépouille et apporter leurs pieuses condoléances à une sainte douleur, venaient aussi témoigner leurs sympathies à la famille paroissiale de Fléville comme à des enfants qui ont perdu leur mère. Redisons-le, en Lorraine comme à Paris, c'était bien, avec un accent tout à la fois plus intime et plus universel, la voix du peuple chrétien qui se faisait entendre.

Or, ce que cette voix disait, nous ne saurions le taire, sous peine de n'être pas l'écho fidèle de ce qui a été partout ressenti et exprimé soit par la parole, soit dans des lettres dont plusieurs ont passé sous nos yeux et dont le nombre s'accroît tous les jours.

Vous me demandez de prier pour elle, disait une de ces lettres ; *je vous avoue que je l'ai déjà priée.* Ces mots traduisent avec une candeur éloquente un sentiment qu'on peut bien dire unanime. Oui, à la nouvelle de cette mort, tous ceux à qui il avait été donné de connaître et d'approcher la comtesse de Lambel, de recevoir de près ou de loin l'impression de sa vertu, et de se sentir, en la quittant, sinon meilleurs, du moins sollicités intérieurement de le devenir, ont été, dès le premier instant, dominés par la conviction qu'une telle âme, ayant si fidèlement suivi le chemin qui conduit au ciel, est entrée dès maintenant dans la joie de son souverain Maître. Ils ne prétendent pas pénétrer les secrets de Dieu ; mais ils ont foi dans sa bonté. En même temps qu'ils prient de tout leur cœur pour celle qui leur a fait tant de bien, un sentiment intime leur dit qu'elle est déjà au-dessus de la région des prières, que c'est elle qui prie pour ceux qu'elle a laissés ici-bas, et qu'elle continue ainsi dans le ciel, mais avec plus d'efficacité encore, la bienfaisante mission qu'elle avait commencée sur la terre.

Que ce témoignage unanime soit la plus grande des consolations pour le cœur à qui Dieu a demandé le plus grand des sacrifices, non pas plus grand cependant que sa piété et son courage. Il ne sait pas sans doute ce qu'*elle* savait si bien, la large part qu'il a eue lui-même dans le développement des rares vertus que nous avons essayé de décrire. Mais il sait que la mort des justes est précieuse devant Dieu ; il sait que les âmes qui se sont données l'une à l'autre pour faire, appuyées l'une sur l'autre, la montée du Ciel s'appartiennent pour l'éternité encore plus que pour le temps ; il sait que, pour elles, la mort n'est pas même, sinon en apparence, une séparation d'un jour, que leurs vrais liens ne sont pas rompus, et qu'à travers les ombres qui restent à franchir, celle qui gravit encore les pentes s'achemine vers celle qui a touché le sommet.

TABLE DES MATIÈRES

ÉMILE COLIN ET Cⁱᵉ — IMPRIMERIE DE LAGNY